MAREK HALTER

Marek Halter est né en 1936 à Varsovie, en Pologne, d'une mère poétesse yiddish et d'un père imprimeur. Sa famille fuit le ghetto de Varsovie en 1940, pour chercher refuge à Moscou, puis en Ouzbékistan. En 1946, il retourne en Pologne avec ses parents et, quatre ans plus tard, la famille obtient un visa et arrive à Paris. À 17 ans, Marek Halter est admis à l'École nationale supérieure des beaux-arts, et reçoit l'année suivante le prix international de peinture de Deauville. En 1967, il fonde et préside le Comité pour la paix négociée au Proche-Orient.

Il publie son troisième livre, *Le fou et les rois* (prix Aujourd'hui 1976), après deux albums de dessins (*Mai 68* et *Le quotidien*). En 1983, *La mémoire d'Abraham* (prix du Livre Inter), dont la suite, *Les fils d'Abraham*, paraît en 1989, connaît un succès mondial. Il est également l'auteur d'une douzaine de romans, de récits et d'essais, et réalise depuis 1968 des documentaires et des films, dont *Tzedek, les Justes*.

Marek Halter collabore à de nombreux journaux dans le monde et milite sans relâche pour les droits de l'homme, la mémoire et la paix.

LE JUDAÏSME RACONTÉ À MES FILLEULS

DU MÊME AUTEUR
CHEZ POCKET

ARGENTINA, ARGENTINA
LA FORCE DU BIEN
LA MÉMOIRE D'ABRAHAM
LE FOU ET LES ROIS
LE MESSIE
LES FILS D'ABRAHAM
LES MYSTÈRES DE JÉRUSALEM
UN HOMME, UN CRI

MAREK HALTER

LE JUDAÏSME RACONTÉ À MES FILLEULS

ROBERT LAFFONT

J'aimerais remercier ceux et celles
qui m'ont encouragé dans cette entreprise :
le grand rabbin Gilles Bernheim,
Leonello Brandolini, Jean-Pierre Allali,
Nathalie Théry et Clara Halter.

ISBN 2-266-10449-7

À mes filleuls :
Frédéric, fils de mon ami Pierre Verstraeten,
Julien, fils de mon ami Bernard Kouchner,
Antonin, fils de mon ami Bernard-Henri Lévy,
qui me reprochent de ne leur avoir
pas montré assez d'intérêt ni consacré assez de temps.
Pour me faire pardonner.

Pourquoi, tout au long des siècles, la judaïté et les Juifs ont-ils concentré sur eux une attention aussi soutenue ? Pourquoi cette interrogation tout à fait exceptionnelle demeure-t-elle encore si vivante aujourd'hui ?

En vérité, mes chers filleuls, souvent j'ai été tenté d'expliquer ce que signifiait pour moi le judaïsme et pourquoi je l'ai choisi comme l'un des essentiels repères de mon existence. Je m'y suis essayé à plusieurs reprises et de manière contournée dans mes livres précédents. Toutefois, n'étant ni historien ni philosophe, j'ai raconté tout au long de ces ouvrages non pas le judaïsme, mais des histoires de Juifs...

Aujourd'hui, peut-être à cause du temps qui passe, mon désir s'est concentré et aiguisé. L'image de l'homme qui transmet à ses enfants et petits-enfants le savoir qu'il a su amasser bon gré mal gré, les expériences qu'il a éprouvées et les limites qui ont bordé sa vie, m'a toujours séduit. Sans doute cette scène patriarcale est-elle lourde de nostalgie et désormais bien désuète. Tant pis : je succombe à son attrait avec un plaisir certain. Le judaïsme n'est-il pas aussi, entre autres, une affaire de transmission, de paroles échangées, portées, données et reçues ?

À cette réserve près : je n'ai pas d'enfant.

À qui pouvais-je expliquer mon choix ?

L'idée m'est venue de me tourner vers vous, Frédéric, Julien, et Antonin, vous, mes filleuls. Et ce, à double titre.

Tout d'abord parce que vos regards narquois m'ont souvent appris que je n'étais pas un parrain exemplaire ! Mes silences et ma distraction n'ont guère été dignes du rôle affectueux que j'ai accepté d'endosser. Rôle désormais symbolique mais qui, autrefois, au temps où les vies tenaient à des fils encore plus incertains et plus fragiles qu'aujourd'hui, recelait gravité et devoirs.

Ensuite, l'un d'entre vous n'est pas juif et les deux autres le sont... à demi ! Et qui sait, peut-être davantage dans leur cœur...

Rien ne m'a jamais tant plu que de m'adresser à des êtres « autres » et dont la substance prend source ailleurs que dans mon propre monde. C'est déjà, pour moi, une manière de pénétrer dans l'essence du judaïsme. À l'origine, les Hébreux s'appelaient *'ivrim*, ce qui signifie « passeurs ». Toute ma vie, je me suis efforcé d'assumer cette tâche. Mon plaisir et mon travail pourraient se résumer à cela : faire circuler des pensées, de la mémoire, de la réflexion, du respect et de la paix, entre des hommes capables de s'affranchir des frontières étriquées qui nous servent trop souvent de repères.

Voici donc que l'occasion m'est donnée, mes chers filleuls, d'évoquer pour vous des hommes, des femmes, une Histoire, toute une culture que j'aime et qui me porte depuis l'enfance. Toute mon ambition, dans ces quelques pages que je souhaite vivantes et légères, est de vous en faire partager la richesse et la force de vie...

Dont acte !

INITIATION AU JUDAÏSME

J'ai entendu pour la première fois le mot « Juif » en allemand. « *Jude* ». Je venais d'avoir cinq ans. Un jeune homme en uniforme me posait la question sèchement : « *Jude ?* » Je ne me souviens pas de ses traits ; le faisceau de la torche qu'il braquait sur moi m'aveuglait.

Avais-je alors conscience du danger que représentaient pour ma famille, échappée du ghetto, aussi bien la question que la réponse ? Je crains bien que non.

Dans mon inconscient d'enfant, la reconnaissance de ma judaïté était évidente et essentielle. En fait, il n'y avait pas de plus grand danger pour moi que de n'être rien. J'avais bel et bien une identité : j'étais juif ! Pas question de l'abandonner. Aussi j'ignorais superbement la menace mortelle contenue dans l'interrogation.

« *Jude ?* » Oui ! Bien sûr, oui !

Force de l'innocence ! Mon naturel et ma conviction nous sauvèrent certainement la vie. Les nazis éclatèrent de rire.

« Laissez-les passer, dit l'un d'eux, le plus gradé. L'enfant déconne. Les Juifs ne reconnaissent jamais leur identité... »

Leur identité ?

Malgré les milliers de livres qui en font leur sujet, les Juifs et le judaïsme demeurent, pour la plupart de nos contemporains – et pour nombre de Juifs eux-mêmes –, une énigme. Déjà, sait-on formuler la différence entre Israélite, Juif et Israélien ? Pas sûr... L'Israélien est celui qui a un passeport israélien. Cela va de soi. Mais l'Israélite ? Est-ce une personne qui pratique la religion juive ? Mais alors qu'est-ce qu'un Juif ? Et de surcroît un Juif qui n'a pas de religion... Pourtant, on nous désigne indifféremment ainsi : « Juif ». Et cela semble avoir un sens pour tout le monde.

Tout au long de ma vie, j'ai appris et constaté maintes fois que s'affirmer Juif ne signifie pas que l'on sache ce qu'est le judaïsme. Ni même pourquoi on y adhère.

Alors, quelle est au juste l'identité d'un Juif ?

Celle de cet individu juif, notre voisin, notre semblable, qui trouble constamment ses contemporains en se réclamant fièrement d'une histoire singulière mais cependant à ce point entremêlée à l'Histoire du monde qu'elle en devient l'un des fondements ?

Celle d'un peuple qui fut, dès son origine, confronté avec ce Dieu, seul et unique créateur du monde, apparu à Abraham voici plus de quatre mille ans dans le lointain pays d'Ur en Chaldée ? D'un peuple qui désoriente et intrigue par son extraordinaire longévité, alors que la plupart des nations antiques qu'il a côtoyées – les Assyriens, les Araméens, les Madianites, les Carthaginois... – ont depuis longtemps disparu de nos mémoires, quelles que fussent leur puissance et leur gloire passées ?

Qui est, en vérité, ce « Juif mythique » qui aimante les regards ? Ce Juif que l'on aime ou que l'on hait, sans véritablement se soucier de le connaître. Ce Juif que quelques-uns, pas bien nombreux il faut l'admettre, dotent de mille qualités tandis que d'autres, hélas, l'accablent de tous les défauts ?

Je me contenterai de vous citer une vieille sentence du *Talmud*, pleine de profondeur et grandement troublante, et qui, au risque de vous surprendre, éclaire presque en entier ce que peuvent être pour moi la fonction et l'espoir du judaïsme.

Je l'ai entendue pour la première fois dans la bouche de mon grand-père, alors que nous étions tassés dans la cave de la rue Nowolipje, dans le ghetto de Varsovie, au mois de janvier 1941, pour mon cinquième anniversaire. « Dieu créa Adam seul (dont les descendants remplissent toute la terre) pour nous enseigner que celui qui sauve un seul être humain sauve le monde entier et que celui qui participe à la perte d'un seul être doit être assimilé à celui qui perd toute l'humanité » (*Sanhédrin*, 4, 5).

Celui qui sauve un seul être humain sauve le monde entier... Celui qui, contre vents et marées, demeure humain sauve l'humanité... Oui, je crois que c'est de cela que nous parle le judaïsme. En tout cas, c'est cela qui m'a attiré vers lui. Et j'ai compris alors l'œuvre immense de pensée et de libération de l'homme que réclamait cette sentence qui, pourtant, au premier regard, semblerait presque trop simple.

Je suis né, ainsi que vos parents ou grands-parents, dans l'une des périodes les plus troubles de ce siècle, la veille de la Seconde Guerre mondiale et alors que la haine de l'homme se revendiquait glorieux programme politique. Puis le programme est devenu réalité. Le fascisme et le communisme totalitaire ont régné. Et l'on sait ce que fut la Seconde Guerre mondiale : les leçons de l'Histoire y étaient muettes et le mal roi... Comme jadis en Chaldée, on sacrifiait les hommes aux idoles. Mais je n'étais pas Abraham pour pouvoir m'en libérer.

Il m'a fallu grandir dans un monde dévasté, sans espérer, comme les Juifs sortis d'Égypte, trouver un ailleurs : un refuge et une patrie. J'ai évolué durant toute mon enfance, en Pologne puis en URSS, parmi des hommes qui ne connaissaient pas même ces « prophètes hébreux » dont l'historien Marc Bloch revendiqua la sagesse et le savoir face aux nazis qui allaient le fusiller. Moi, je ne savais rien. Je ne me souvenais pas même qu'il y ait eu « l'Histoire ». J'ai simplement subi.

De même, avant d'arriver en France, en 1950, je ne savais pas ce qu'était la démocratie. Je n'avais connu jusqu'alors que les obsessions décervelantes et castratrices des systèmes nazi et stalinien. J'avais quatorze ans et j'eus beaucoup de peine à m'adapter.

Cependant, malgré ma nouvelle appartenance, je ne pouvais commencer à réfléchir, sentir et agir comme si le monde qui m'avait vu naître n'avait jamais existé. Une obligation s'est tout de suite imposée. Je devais choisir le lieu spirituel d'où j'allais m'adresser aux autres, les valeurs qui allaient gouverner mes choix et ordonner ma parole, mon lien avec le monde, ses forces visibles ou invisibles.

Cette fois, j'ai choisi en toute liberté, et j'ai choisi le judaïsme. Comprenez-moi : jusqu'alors je n'étais qu'un Juif de naissance. De ce moment, je me suis fait exister comme Juif en toute conscience.

Dans le même temps, il m'a fallu apprendre la langue de ma nouvelle patrie et, par la même occasion, ce qu'elle contenait de pensée et de raison. Ainsi, je me suis aperçu que le français était la langue qui me permettait le mieux d'exprimer mes choix et mes convictions. Non parce que je le maniais mieux que les langues de mon enfance, le yiddish, le polonais ou le russe, mais parce que, dans mon esprit de jeune Juif, le français avait depuis toujours été identifié à la liberté. Ce mot n'était-il pas gravé sur le fronton des édifices publics ? La Constituante n'avait-elle pas, deux siècles plus tôt et dans cette langue précisément, proclamé l'émancipation des Juifs ? Enfin, Zola n'avait-il pas écrit en français *J'accuse*, un plaidoyer encore inouï pour un « Juif » ?

Aujourd'hui, je peux dire que j'ai appris la liberté avec le français. Cependant, je n'ai pu apprendre la langue de ma nouvelle patrie qu'après avoir saisi le sens de la liberté. Cela m'a pris trois ans.

Pourtant, pas d'angélisme !

Même en France, l'affirmation de mon judaïsme, si naturelle pour moi, dérangeait. Les Français d'alors voulaient oublier les déchirures et les hontes de la guerre. On préférait le mot « Israélite » au mot « Juif ». La mémoire de la guerre était fraîche et la souillure de l'étoile jaune bien présente. Même chez les intellectuels de gauche, les plus progressistes et les plus ouverts, le judaïsme s'avérait un difficile sujet. C'est dans ce contexte que parurent les *Réflexions sur la question juive* de Jean-Paul Sartre, dont on me conseilla vivement la lecture.

À dire vrai, ce livre suscita en moi un profond malaise. J'étais flatté qu'un philosophe aussi renommé et respecté ait pris la peine de réfléchir sur la situation des Juifs et, en quelque sorte, sur mon propre cas. Mais j'étais aussi révolté par ses conclusions.

En substance, Sartre affirmait que le Juif, l'identité juive étaient déterminés par le regard de l'autre. Si cela était vrai, alors cela signifiait que je n'étais juif que grâce à l'existence de l'antisémite !

À dix-sept ans, le toupet est roi. Auprès d'amis, je parvins à me procurer l'adresse de Sartre, rue Bonaparte, tout près de la Seine. Il habitait avec sa mère un appartement qui, comme on le sait, fut plus tard plastiqué par l'OAS. Un après-midi d'automne, donc, sans m'être le moins du monde annoncé, je frappais à sa porte.

Petit bonhomme affable, au regard troublant mais plein de malice, Jean-Paul Sartre ne s'offusqua pas de cette visite intempestive. Il me fit entrer et nous nous installâmes, si mon souvenir est bon, dans une pièce qui me parut petite et totalement encombrée de meubles et de livres. Évidemment, mon intrusion dut le surprendre. Mais, à cette époque, les « survivants » du ghetto de Varsovie impressionnaient encore. Pour quelqu'un comme Sartre, cette part de mon histoire était un sésame et abolissait toutes les barrières. Avec patience il m'écouta tandis que je tentais, avec le plus de clarté possible, d'exprimer ma critique. En fait, mon argumentation me paraissait imparable. Comment l'auteur de *L'Être et le Néant*, qui prétendait que tout homme est condamné, sans recours, à la liberté absolue, pouvait-il ôter en moi, Juif, précisément cette liberté-là ? Et comment pouvait-il penser que mon identité ne dépende que du regard que pouvait porter sur moi mon propre bourreau ?

– Tout au contraire, se défendit-il de sa voix rauque. Je n'ai parlé dans ce livre que des Juifs inauthentiques. Ceux qui se laissent souffler leurs attitudes par d'autres...

– Mais alors, qui sont les Juifs authentiques ? Qu'est-ce qui les caractérise ?

– Eh bien, je suppose que ce sont les Juifs religieux, n'est-ce pas ?... Ceux-là ont choisi leur place et leur image. Ils possèdent pleinement l'exercice de leur liberté. L'identité juive que les autres essaient de leur imposer n'a pas de prise sur eux.

– Mais qu'en est-il des Juifs non religieux ? Parce que vous semblez faire coïncider Juif et religieux. Mais il existe des millions d'êtres juifs et non religieux... Eux aussi ont droit à une identité et à l'exercice de leur libre arbitre !

Il y eut un court silence. Il sourit et ce sourire illumina son visage trop pâle :

– Oui... Les *Réflexions sur la question juive* sont les réflexions d'un *goy*, de celui qui regarde le Juif de l'extérieur...

Il jeta sa main en avant, un peu sèchement comme il faisait souvent, et ajouta :

– Il reste donc à quelqu'un de l'intérieur à dessiner le portrait d'un Juif authentique. De celui qui s'est choisi et qui s'engage librement comme tel...

Ainsi, je sortis de cet entretien avec mon problème tout entier dans mon sac. Tout aussi pesantes et tout aussi nouées qu'elles l'étaient une heure plus tôt, je ressassais mes questions : qu'est-ce qu'être juif ? Qu'est-ce que la judaïté, le judaïsme ?

Aujourd'hui seulement, alors que je commence cet ouvrage, je m'aperçois, ô combien, que Sartre avait raison. Oui, c'est vrai : les Juifs religieux qui manifestent leur attachement à leur foi de manière ostentatoire sont identifiables par tous, leur judaïté est bien visible aux yeux de tous. Au point que l'on a tendance à confondre le judaïsme avec ce comportement-là. Pourtant, cette identité n'est-elle pas qu'une image et un rôle qui, à la manière des garçons de café, replongent l'acteur dans l'anonymat dès qu'il a ôté sa jaquette blanche ou son costume de scène ?

Les autres Juifs, majoritaires, il faut posséder le regard particulièrement vicieux des antisémites pour les identifier et les extraire des foules anonymes : en France, les noms font repères, en d'autres temps, ce fut le « délit de faciès »...

Restent, bien sûr, ceux qui se réclament eux-mêmes du judaïsme. Ceux-là, c'est vrai aussi, qu'ils soient pro-Israéliens ou antisionistes, respectueux de la tradition ou agnostiques, la revendication de leur judaïsme fait foi et leur choix les identifie.

Est-ce pour autant qu'ils dressent le « portrait du Juif authentique », comme disait Sartre ? Est-ce pour autant qu'ils nous offrent une image intelligible du judaïsme ? Pour cela, il faudrait, avant tout, que leur choix fût tout à fait volontaire et conscient et qu'il ne découle pas d'une fatalité de la descendance.

De fait, connaissent-ils eux-mêmes les raisons de ce choix et seraient-ils capables de nous les donner ? Je suis certain que, si nous avions la possibilité de leur poser cette question, nous serions fort surpris par les réponses ! Nous recevrions des justifications tantôt naïves, tantôt contradictoires. Si contradictoires que la Knesset, le Parlement israélien, au tout début de l'existence de l'État d'Israël, a renoncé pour toujours à engager un débat qui permettrait de définir et figer l'identité juive !

Ainsi donc, devant tant de complexité, une fois de plus restons modestes. Quel qu'en soit mon désir, mes chers filleuls, je sais d'avance que je ne vais pas parvenir, dans les pages qui suivent, à définir « une fois pour toutes » cette judaïté, mouvante, énigmatique, riche et multiple.

En revanche, il me semble possible d'essayer de vous raconter – et sans doute y apprendrais-je quelque chose moi-même chemin faisant – pourquoi, *moi*, je suis juif.

Tout d'abord, je ne suis certainement pas juif à cause de l'antisémite. Celui qui ne me désigne que par ma différence, et la refuse, ne peut avoir d'influence que sur la part matérielle et existentielle de ma vie. Il peut me priver de mes droits, accaparer mes biens, détruire mon corps... Mais il n'a pas accès à la part de spiritualité qui habite tout être et lui permet, intérieurement, de s'accorder une identité. Ce choix, cette adhésion sont l'expression même de la liberté inexpugnable, de l'humanité de l'homme. Et lui seul, en son intime débat, peut la négliger, la renier ou l'abandonner...

En revanche, le fait que mes parents et mes grands-parents fussent juifs a bien sûr exercé une influence sur mon devenir. Cependant, pour essentielle qu'elle fût, cette influence elle-même possédait ses limites. Elle n'aurait, je le sais, pas pu m'empêcher de choisir un autre chemin que le leur si je l'avais voulu. Celui du Christ, par exemple, comme l'a fait mon ami le cardinal Jean-Marie Lustiger. Peut-être celui de l'islam ou du bouddhisme. Ou même celui de l'indifférence !

Avec Jean-Marie Lustiger, nous partageons le même passé, la même mémoire. Or, au moment où il faisait un choix, moi, j'en effectuais un autre. En toute conscience, en toute liberté, je m'affirmais comme Juif. Et cela de la manière la plus inattendue qui soit. On pourrait dire aussi : de la manière la plus irrationnelle. Parce qu'il me fallut raconter des histoires. Parce qu'il était devenu vital de les raconter. Et que, sans le savoir, raconter les histoires, faire vivre la mémoire des histoires, puis peu à peu devenir la mémoire même de l'Histoire, c'est précisément entrer dans l'expérience charnelle du judaïsme...

J'avais neuf ans. Après avoir fui le ghetto grâce à l'aide de nos amis catholiques, mes parents, ma petite sœur Bérénice et moi nous sommes retrouvés à Moscou. Puis nous avons dû quitter la Russie soviétique pour l'Asie centrale, alors lointaine province de l'URSS. Et nous nous sommes retrouvés en Ouzbékistan.

Ma connaissance du judaïsme se limitait alors à deux souvenirs : l'un agréable, nostalgique, l'autre brutal et qui me fait encore peur aujourd'hui. Le premier avait pour cadre la Varsovie juive : quatre cent cinquante mille âmes sur un million d'habitants. Avec ses écoles, ses théâtres, ses journaux, sa langue, le yiddish, ma langue maternelle. Et surtout un visage à la barbe blanche, de longues papillotes, un sourire plein de bonté qui illuminait le monde : le visage de mon grand-père Abraham. Le second, empli de la vision d'hommes en uniforme, résonne de l'éclat de bombes, d'aboiements de chiens. Cela avait bien sûr profondément marqué le jeune garçon que j'étais. Mais cela seul ne suffisait pas à expliquer et fonder une identité. Il fallut encore une autre expérience.

La famine et la dysenterie terrassaient le million de réfugiés qui s'amassaient à Kokand, ville de trois cent mille habitants adossée au mont Pamir. Mes parents, malades à leur tour, furent admis à l'hôpital. Resté seul, je fus dans l'obligation de laisser ma sœur dans un foyer pour enfants. Elle mourut peu de temps après. De faim, m'affirma-t-on.

Je n'avais rien pu faire pour sauver ma sœur, mais au moins je devais tout tenter pour ne pas laisser mourir mes parents. « Trouve du riz, m'avait dit le médecin. Trouve du riz si tu veux qu'ils vivent ! » Les antibiotiques n'existaient pas encore, l'amidon du riz était le seul espoir d'enrayer la dysenterie mortelle qui déjà les réduisait à l'état de squelettes. Mais il en fallait beaucoup, de ce riz. Et il était bien entendu hors de question de l'acheter, je ne pouvais que le voler. Je me mis en chasse...

Mon premier larcin, je m'en souviens comme si c'était hier !

Un âne trottait devant moi et faisait tanguer son cavalier. Je courais derrière, pieds nus dans la poussière. Le sol brûlait, chauffé depuis l'aube. Sur les flancs du bourricot ballottaient deux sacs de riz. De l'or, de la vie pure !

J'ai rattrapé l'âne... Il m'a suffi d'un coup de lame dans l'un des sacs. Qu'ils étaient beaux, ces petits grains blancs qui se mirent à couler à flots dans ma casquette ! L'ânier n'a pas crié. Il a eu peur. Il n'a pensé qu'à fuir... Mais la chose s'est sue.

On m'a assimilé aux hooligans. Quelques jours plus tard, alors que je portais un panier de nourriture à mes parents, trois voyous de mon âge et appartenant à une bande m'attaquèrent à leur tour. Ils cherchaient tout autant à me voler qu'à me prouver qu'ils étaient les plus forts. Ce fut vite réglé, à trois contre un, malgré ma rage, je ne faisais pas le poids !

Néanmoins, comme je m'étais bien défendu, ils me conduisirent à Kalvak, un terrain vague de la ville basse. Là, les bandes se réunissaient pour régler leurs comptes, raconter des blagues, chanter en chœur, fêter leurs bons coups et juger les « traîtres ». En vérité, derrière leurs couteaux, ces garçons étaient des tendres qui rêvaient d'une autre vie, d'une autre société. Dans les histoires qu'ils aimaient, la camaraderie prévalait sur l'intérêt, la justice triomphait de la fourberie, les héros risquaient leur vie pour l'honneur. Et ce soir-là, à Kalvak, pour éviter de me faire rosser, je me suis mis à raconter *Les Trois Mousquetaires*. Au petit matin, ma renommée était établie. J'étais devenu « Marek, tchto khorocho balakaïet » : Marek-qui-raconte-des-histoires...

Par la suite, on passa un accord. Ils volaient et partageaient le butin avec moi à la condition que je leur raconte des histoires. Notre accord possédait autant de fraternité que de respect des racines de chacun. Plus âgés que moi pour la plupart, ces garçons provenaient des origines les plus diverses : Russes, Ouzbeks, Kazakhs, Turkmènes, Ukrainiens, Arméniens... J'étais le seul Juif, mais c'était sans importance. La fidélité au groupe primait sur l'appartenance à telle ou telle religion ou ethnie. Je ne me souviens pas même d'avoir entendu à l'époque une seule blague antisémite.

Ainsi c'est là, en leur compagnie, que j'ai découvert, pour la première fois et en toute inconscience, le fondement même de la pensée juive : le pouvoir prestigieux du verbe.

Par conséquent, j'ai découvert aussi ce que signifiait l'*absence* du verbe. Mes camarades vidaient souvent leurs querelles à coups de poing ou de couteau. Les deux adversaires se faisaient face, la bande formait un cercle, encourageant tantôt l'un, tantôt l'autre, sans jamais prendre parti. Les combats suivaient un rite. D'abord, de loin, comme des coqs, les garçons se dévisageaient. Ils se défiaient du regard, du geste, puis s'insultaient, parlaient, argumentaient. Et toujours, celui qui se retrouvait à court d'arguments frappait le premier ! Ainsi, de la manière la plus prosaïque et pragmatique qui soit, je découvrais cette autre part, si fondamentale, de la tradition juive : la certitude que la violence commence là où finit la parole.

Cependant, j'étais à peine un adolescent. Je ne savais rien et tout était neuf. Comme il me fallait de la « nourriture » pour entretenir mes contes du soir et passionner mes compagnons, pendant qu'ils partaient à la chasse aux victuailles, moi, je commençais à dévorer tous les livres qui me passaient sous la main.

Sur les conseils de la responsable de la bibliothèque municipale, je dénichai un livre d'un certain Kokovtsov sur les Khazars : *La Correspondance khazare.*

C'était l'histoire d'un empire qui, du VIIe au XIIe siècle, s'était étendu entre la mer Noire et la mer Caspienne et qui s'était, en 861, soudain converti au judaïsme. Le livre contenait une lettre adressée par le roi khazar Joseph au conseiller juif du calife de Grenade. Il y narrait comment ses sujets, peuple d'origine turkmène, avaient pris le contrôle des tribus de tout l'Est européen : des Slaves, des Magyars, des Petchenègues, des Huns, des Rus, des Varègues, des Bulgares... Ce qui me marqua le plus fut l'évocation d'une discussion entre ce roi et les représentants des trois grandes religions monothéistes qui lui avaient présenté leurs doctrines. La manière dont il expliquait son choix du judaïsme me bouleversa. Cette histoire tint en haleine mes amis pendant plusieurs nuits.

Je me rappelle m'être promis de partir un jour à la recherche de cet étrange empire et de me faire expliquer, comme le fit le roi khazar, toutes les doctrines, toutes les visions du monde, et de m'en choisir une. Cette promesse occupe encore mon imagination...

Aujourd'hui, je sais qu'une seule chose a manqué pour que cette expérience de l'époque de la guerre prenne la forme d'une véritable initiation : ma rencontre avec le Livre des livres, la Bible.

Je n'en fus pas très loin. Des mots, des noms s'ancrèrent dans mon esprit pour toujours, qui l'évoquaient comme un écho lointain, un appel que je ne pouvais encore entendre.

Toujours à la recherche d'histoires, dans le grenier de notre petite maison en briques de bouses de vache, je découvris un jour un vieil atlas d'avant la Révolution soviétique. En le feuilletant, je tombai sur une carte de la Palestine avec des noms de villes qui me disaient vaguement quelque chose : Jérusalem, Tibériade, Jaffa, Bethléem, ville où est né le Christ, disait le commentaire, mais où était né, aussi, le roi David...

LA BIBLE

Ma rencontre avec la Bible fut pour moi un choc. Pour dire vrai, sa première lecture m'a déconcerté. Je pensais, comme dans tous les livres religieux, y trouver des histoires d'anges. J'y ai découvert une histoire « pleine de bruit et de fureur ». Les hommes s'y entre-tuent. Les filles y séduisent leur père. Un frère en tue un autre. L'injustice règne. Macbeth, Othello et la guerre que se livraient les Capulet et les Montaigu ne paraissent, malgré le génie de Shakespeare, que des proches parents des personnages de la Bible.

Cette violence des actes et des sentiments m'a bouleversé. Ce n'est que bien plus tard que m'est venue la compréhension de la grandeur de ce livre qui réside justement dans la vérité qu'il dévoile. Mieux que tous les témoignages sur les horreurs, pourtant immenses, commises par les hommes au XXe siècle, plus puissante encore que ces images de guerres sanglantes où nous affrontons quotidiennement nos semblables et que nous transmettent méticuleusement les télévisions, la Bible nous renvoie la figure, avec une brutalité sans fard, de ce que nous sommes et de ce dont nous sommes capables.

Et ce dont nous sommes capables, c'est de faire le mal.

La découverte essentielle des rédacteurs de la Bible, dès les premières heures de l'humanité, c'est cette vérité-là : l'homme n'affronte pas seulement les violences de la nature, il est lui-même *porteur du mal.* Il est capable de penser, de vouloir et d'organiser la douleur et la destruction de ses semblables !

Ce virus, depuis toujours, ronge l'humanité, non pas de l'extérieur, sous forme de catastrophes naturelles, d'animaux sauvages ou de maladies, comme le croyaient les hommes et contre lesquels ils mobilisaient leurs idoles, mais de l'intérieur de leur être comme un cancer. Imaginez, mes chers filleuls, l'événement que représenterait la découverte d'un vaccin contre le cancer ! Or les Hébreux ont découvert, voici des millénaires, non seulement le virus mais également le possible remède contre la violence qui nous habite : « Dieu créa le mal, dit le Talmud, et son antidote, la Loi. » Cette Loi qui, pourtant intériorisée par les hommes depuis des siècles, continue, il est vrai, à être transgressée, libérant le mal et ses ravages, du Rwanda à la Tchétchénie et l'Afghanistan en passant par le Kosovo...

Évidemment, des questions immédiatement nous brûlent les lèvres. Pourquoi Dieu, selon cette vision du judaïsme, s'est-il donné la peine de créer le mal, qu'il ne cesse de condamner par ailleurs, *et* son antidote ? Pourquoi ne pas l'annihiler, une fois pour toutes ? Ou alors, le mal « servirait-il » à quelque chose ?

C'est là, dans cette énigme, que se concentre toute l'histoire de la Bible, précisément, son message, son urgence, sa vie et son perpétuel questionnement qui ont occupé des générations et des générations de commentateurs.

Aussi, mes chers filleuls, essaierai-je de vous raconter cette histoire le plus légèrement possible, à ma manière, comme je l'aurais fait devant mes camarades à Kokand, dans le lointain Ouzbékistan, en évitant de vous assommer avec des théories philosophiques que, je l'avoue, je ne comprends pas toujours moi-même.

Dieu, selon la Genèse, crée l'univers en six jours. Le septième, Il se repose. À la fin de chaque journée de travail, contemplant Sa création, Il semble satisfait : « Très bien, dit-Il, très bien. » Or le sixième jour, celui de la création de l'homme, Il paraît hésiter. Après réflexion, Il dit seulement : « Bien. » Du bout des lèvres. Et on Le comprend. Voilà Adam dont le nom vient de *Adama*, terre en hébreu, d'où il est sorti. Voilà la femme, Ève, sortie, elle, de la côte d'Adam, et qui se laisse séduire et dévoyer par un serpent. Voici Caïn, le fils aîné du couple, qui tue son frère Abel. Et aucun d'entre eux ne ressent de remords !

Le Créateur, comme souvent les créateurs, confronté à Sa création qui ne répond pas à Son projet, est tenté de la détruire, dit le Talmud, et d'essayer à nouveau. En espérant faire mieux. Or Il se souvient qu'Il avait déjà créé un homme auparavant. Que dans cette précédente version l'homme s'appelait toujours Adam, mais que sa femme avait pour nom Lilith. Et que le résultat n'avait guère été meilleur. Recommencer encore une fois ?

Alors Il comprend que, bien qu'ayant créé l'homme à Son image, celui-ci ne peut malheureusement pas échapper au mal. Pourquoi ? se demande le sage. À cause de l'impatience de l'homme. Mais d'où vient cette impatience qui lui fait bousculer les autres, s'accaparer leurs biens, souvent même leur vie, sans plus de respect ?

Parce que l'homme est tout entier action et que cette action, comme lui-même, porte en soi sa finitude. L'impatience de l'homme naît de la découverte de sa propre mortalité. Elle est l'expression angoissée de ses limites dans le flux du temps.

Souvenons-nous – avec un peu de précision – de l'histoire d'Adam et d'Ève et de l'enjeu du « fruit de la connaissance ».

Dans le jardin d'Éden, Dieu « fit pousser du sol toute espèce d'arbres séduisants à voir et bons à manger, et l'arbre de la vie au milieu du jardin et l'arbre de la connaissance du bien et du mal ». Après quoi, Il donne ce commandement à l'homme : « Tu peux manger de tous les arbres du jardin. Mais l'arbre de la connaissance du bien et du mal tu ne mangeras pas car le jour où tu en mangeras, tu deviendras passible de mort. »

Autrement dit, à ce stade, l'homme peut manger du fruit de l'arbre de vie, l'arbre de l'immortalité, sans être fautif. La mort ne le guette pas : il ignore le temps. Alors pourquoi commet-il cette folie d'outrepasser le commandement de l'Éternel ?

C'est le serpent qui nous l'explique : « Pas du tout ! Vous ne mourrez pas ! Mais Dieu sait que, le jour où vous mangerez de l'arbre de la connaissance, vos yeux s'ouvriront et vous serez comme des dieux qui connaissent le bien et le mal. » Tel est l'enjeu, tel est le désir : un conflit de pouvoir et l'espoir d'être « *comme* des dieux ».

Or ce que ne dit pas le serpent, c'est que le Créateur ne peut pas laisser l'homme accéder tout à la fois à l'immortalité *et* à la connaissance, car l'homme, dès cet instant, cesserait d'être homme.

En succombant à la tentation de la connaissance, l'homme ne tombe pas d'un coup foudroyé – le serpent a dit presque vrai. Mais il entre dans le temps. Il se soumet à une manière de supplice : être mortel. La connaissance qu'il acquiert est d'abord celle de ses limites. Et c'est par cette limite, dans le constant désir de recouvrer l'éternité perdue qui ne fait de lui qu'un « *comme* Dieu », que lui vient la véritable connaissance du bien et du mal. Et avec elle le *choix* entre ce bien et ce mal, et avec elle la *liberté* de ce choix...

N'en sommes-nous pas toujours là, mes chers filleuls, déployant toutes nos énergies et nos pouvoirs acquis par la connaissance pour devenir des « *comme* Dieu » ? Déplaçant les limites de la nature jusque dans notre reproduction, quêtant l'immortalité par la chirurgie ou la génétique, tentant de contourner le temps en nous démultipliant en

« clones » ? Abusant de notre puissance pour « modeler » ou soumettre l'homme, notre prochain, dans l'espoir de plus de puissance, de plus de victoire sur le temps ?...

J'ai toujours trouvé l'histoire de la « chute » d'Adam et Ève très belle. Sa simplicité l'a fait souvent passer pour naïve et je ne suis pas certain qu'on l'ait suffisamment méditée...

Puisque désormais le mal « était » dans l'homme et sur la terre, la nécessité devint urgente pour Dieu de trouver son antidote et de l'instiller dans l'âme des humains. C'est ainsi que naquit, à son tour, la Bible.

Mais alors, me demanderez-vous, c'est quoi, en fait, la Bible ?

Avant de m'adresser à vous, mes chers filleuls, et puisque le Talmud dit que « les livres bibliques ont été donnés à l'homme comme sujets de méditation », j'ai relu la Bible une fois encore, ainsi que ses multiples commentaires.

Je vous répondrai qu'il s'agit là d'un des plus passionnants récits sur la condition humaine que je connaisse. On y trouve le catalogue exhaustif des vices qui accablent l'homme, la liste des prescriptions à son intention pour combattre le mal, et la présentation de tous les moyens mis à la disposition de la souffrante humanité pour sa survie.

Suis-je assez clair ?

Peut-être pourrai-je vous présenter la Bible plus brièvement encore : il s'agit là d'une leçon magistrale donnée à l'homme pour que celui-ci apprenne à se connaître, à se protéger contre lui-même et à vivre avec les autres.

La Bible se présente comme le plus ancien recueil de témoignages concernant le peuple juif et la parole de Dieu. Elle ne comprend évidemment qu'une sélection parmi les centaines de textes fondateurs écrits dans l'ancien Israël. Leur rédaction s'est étendue sur plus d'un millénaire, entre 1200 et 100 avant notre ère, et représente en soi une extraordinaire gestation spirituelle. Le choix définitif des textes qui figurent dans la Bible s'est fait, lui, au premier siècle de notre ère, par les sages réunis à l'académie de Yavné, seule académie autorisée par les Romains après la révolte juive de l'an 70.

Les Juifs nomment la Bible : *Tanakh*. C'est l'acronyme du titre des trois livres qui le composent : *Torah*-Loi, *Neviim*-Prophètes, *Ketouvim*-Hagiographes.

Depuis, des générations de lettrés ont élaboré une science de la transmission des textes de la Bible. En 1425 fut publiée la *Mussore* – de l'araméen *massorah*, « compte » – et qui dénombrait les 5 848 versets et 79 856 signes qui composent la Torah, afin que rien ne soit égaré.

Cette comptabilité minutieuse jusqu'à l'excès vous fait sourire ? Vous devez vous souvenir que, à l'origine, seules les consonnes des mots hébreux étaient notées, à l'exclusion des voyelles. D'où leur constante polysémie... et les risques de contresens ! Aussi, dans le but d'éviter tous malentendus, les sages se lancèrent-ils dans ce compte apparemment fastidieux, dressant la liste des multiples lectures autorisées par les combinaisons entre les voyelles non écrites et les consonnes composant la racine de chaque mot.

Ils ont aussi cherché, dans les marges intérieures, à gauche et à droite de chaque colonne de texte, à introduire les accents et même les signes musicaux qui peuvent ponctuer la lecture.

Depuis quelques années, nous avons encore une meilleure idée de l'évolution de ces textes. Entre 1947 et 1952, des archéologues ont découvert dans des grottes sur les rives de la mer Morte des manuscrits antérieurs au travail des Sages, ce que nous nommons d'ailleurs aujourd'hui « Les manuscrits de la mer Morte ». D'autres textes inconnus avaient été un peu plus tôt découverts dans une vieille synagogue du Caire.

Ainsi nous sont parvenus certains des textes que les rédacteurs de Yavné écartèrent et, avec eux, une connaissance un peu plus précise de l'histoire antique du peuple juif... Il s'agit de l'histoire de l'évolution d'un peuple qui va de l'autoritarisme et de l'esprit de clan primitif à la volonté de la libération radicale et de la fraternisation de tous les hommes.

Voilà ce qui, immédiatement, m'a séduit dans le judaïsme : il ne part pas d'une idée de l'homme idéal qui pourrait atteindre la sainteté, mais d'un homme réel qui pourrait, éventuellement, s'il en accepte le cadre, s'améliorer.

Au fond, si je devais résumer mes premières réflexions sur le judaïsme, comme je l'ai fait tout à l'heure à propos de la Bible, je dirais que son objectif n'est pas de judaïser l'humanité mais de l'humaniser un peu. C'est pourquoi le Tanakh, malgré le souffle de la violence qui traverse ses pages, est aussi un grand livre d'espoir.

Le philosophe Yosef Hayim Yeroushalmi – auteur d'un remarquable essai sur la mémoire juive : *Zukhor* – s'étonnait un jour devant moi que personne n'ait encore eu l'idée d'écrire l'histoire de l'espoir.

D'après lui, les rédacteurs de la Bible qui ont réalisé une sélection entre des centaines de textes existants ont ordonné leur choix selon un seul critère : celui de l'espoir justement. Pour cette raison, dit Yosef Hayim Yeroushalmi, les textes apocalyptiques, par exemple, rédigés à la même époque que la plupart des textes choisis, furent pourtant écartés de l'ensemble : parce qu'ils risquaient de désespérer l'humanité !

L'idée est forte, et je l'aime pour ce qu'elle contient elle-même d'espoir. La Bible raconte l'Histoire, mais en considérant que, chez les Juifs, cette Histoire doit faire œuvre d'exemple et d'enseignement. Exemplaire, elle l'est parce qu'elle conte le devenir de ces hommes faits « à l'image de Dieu ». Enseignante, elle l'est parce qu'elle montre les efforts et les erreurs de ces mêmes hommes. Et parce qu'elle témoigne d'un mouvement continu, d'une Histoire toujours en marche, la Bible préserve toujours l'espoir, engendre le temps du bien toujours possible. Rien n'est clos, jamais.

Attention, mes chers filleuls, ne confondons pas. Les hommes de la Bible ne sont pas pour autant des « hommes exemplaires ». Loin de là. Prenez l'histoire du roi Achab. En 853 avant notre ère, ce roi d'Israël a participé à l'une des plus grandes batailles de chars jamais engagées dans l'Antiquité. Pensez donc : le roi d'Assyrie opposa deux mille chars et cinq mille cinq cent quarante-deux cavaliers à la coalition dirigée par les Hébreux qui, eux-mêmes, parvinrent à rassembler quelque trois mille neuf cents chars, mille neuf cents cavaliers, mille chameliers... Pourtant, malgré l'incroyable bruit que cette bataille dut répandre dans le monde d'alors, les mille et une légendes que les conteurs et les historiens durent en tirer, c'est à peine si elle est évoquée dans la Bible !

En revanche, le fait que le même roi Achab, abusant de sa force, ait convoité la maigre vigne d'un pauvre vigneron, puis ait, afin de l'obtenir, lapidé ce Naboth qui la possédait, occupe tout un chapitre et forme un enseignement. C'est ce parti pris qui est exemplaire.

Dénoncer l'injustice, contraindre les puissants au respect de la justice et de l'équité tout autant que le pauvre et le faible, n'est-ce pas là l'un des plus vieux et des plus vivants espoirs, toujours porté par des milliards d'êtres humains ?

La Bible ne cherche pas à cacher les défauts des hommes, bien au contraire. Rappelez-vous ! Adam était un peu lâche, Caïn tout à fait irresponsable, Noé était un faible, Jacob a participé à une opération frauduleuse contre son frère Ésaü... Et même le plus grand, le roi David, a commis des actes impardonnables. Entre autres, afin d'obtenir une femme qu'il convoitait, il envoya son mari à la mort...

Dans le judaïsme, à la différence du christianisme, les hommes, dans leurs faiblesses et leurs erreurs, ne pèchent pas : ils désobéissent. Pour les rédacteurs de la Bible, la chose est claire : l'homme a le pouvoir de défier Dieu. N'est-il pas devenu, ayant mangé le fruit de la connaissance, *« comme* Dieu » ? Quel que soit le résultat du défi, l'homme n'exprime aucun repentir moral et la Bible elle-même ne qualifie pas l'action d'Adam et Ève de péché. Elle leur reproche une *désobéissance.* C'est-à-dire qu'elle leur reconnaît la responsabilité... d'un mauvais choix.

C'est bien différent, dans le principe comme dans ce que cela induit de la relation de l'homme avec son Dieu, de sa vie temporelle avec sa foi. Qu'il n'y ait pas soumission mais dialogue – conflictuel – avec l'Éternel est d'emblée reconnu comme un principe dynamique. Quelque regrettable qu'ait été le choix d'Adam et d'Ève, il est action. Il met en mouvement la vie, le temps, le devenir. Adam et Ève doivent en subir les conséquences, mais l'une d'elles, ce n'est nullement un hasard, est la découverte de la liberté. Ainsi, paradoxalement, ce premier acte de désobéissance des hommes devient le commencement de l'histoire humaine. « Alors l'Éternel Dieu le chassa du jardin d'Éden afin qu'il cultive la terre d'où il avait été pris. » Hors de l'Éden, Adam devient homme libre cultivant son sillon, bien ou mal...

Parce que les Juifs ne reconnaissent pas les manquements comme des « péchés », au sens chrétien du terme, ils ne vénèrent pas de saints. En revanche, en plaçant la justice au centre de leurs préoccupations, ils honorent ceux qui la pratiquent : les justes. Mais attention encore une fois. Si le juste mérite tout notre respect, il n'est pas profondément différent de nous. « Tout être humain, dit Maimonide, a des mérites et des vices. Celui dont les mérites dépassent les vices est un juste. »

J'aime l'idée que l'obéissance et la désobéissance sont des responsabilités à assumer et non pas des soumissions à plus fort et plus puissant que soi. Je suis presque certain, mes chers filleuls, que vous y êtes aussi sensibles que moi. N'avons-nous pas tous subi cet ordre paternel « Obéis ! Obéis ! », auquel nous avions tant envie de répondre : « Pourquoi ? »

Et j'aime, plus encore, que par son action, par son choix qui va au-delà de l'obéissance, le juste prouve que la justice est possible.

Néanmoins, si la Bible est sans conteste le livre le plus connu de par le monde, je crains aussi qu'il ne soit le plus mal lu.

Chacun sait que l'« Ancien Testament » ne constitue pas seulement la principale source d'inspiration du judaïsme, mais qu'il est également à la source de la chrétienté et de l'islam. Pierre d'achoppement des trois religions monothéistes, la Bible a profondément influencé les cultures des trois quarts de la planète, de l'Occident à l'Orient. Il n'empêche, la plupart d'entre nous, y compris chez les Juifs, ne la considèrent que comme un livre de prières et, dans le meilleur des cas, comme la lointaine saga d'un Dieu et de son peuple.

Beaucoup s'imaginent que l'Ancien Testament est une sorte de catalogue des principes de justice et de vengeance. Je suis persuadé que même vous, mes chers filleuls, comme la plupart de vos amis, croyez que la célèbre invocation : « Tu aimeras ton prochain comme toi-même », provient du Nouveau Testament. Pourtant, c'est l'une des sentences essentielles de la Bible ! On la trouve dans la Torah même, précisément dans le Lévitique.

Bourrée d'images, multicolore, écrite et réécrite, revisitée au cours des millénaires, la Bible est gorgée de vie. Elle fourmille d'histoires dont chacune mériterait, à elle seule, un livre. Encore aujourd'hui, je regrette profondément de ne l'avoir pas lue à Kokand avec mes jeunes compagnons d'infortune. Page après page, récit après récit, j'aurais pu, avec ses aventures incroyables, meubler des centaines de nos nuits... Elle aurait captivé leur imagination et les aurait séduits sans coup férir !

Je vous ai parlé de la Bible. Néanmoins, les textes fondateurs du judaïsme ne sauraient se réduire aux vingt-quatre livres du Tanakh. À côté de l'élaboration des textes de la Bible, et simultanément à eux, s'est développée ce qu'on appelle « la tradition orale ». Une importante partie de cette tradition fut rassemblée et codifiée à partir de l'an 200 de notre ère, dans un impressionnant ouvrage appelé Talmud – ce qui signifie « étude » en hébreu. Notons au passage que, curieusement, le Talmud fut composé en même temps que les Évangiles. Comme si les deux branches du judaïsme avaient voulu ainsi nous faire connaître leurs différences...

Si le Talmud est devenu la référence suprême pour les Juifs religieux de la diaspora – dont nous parlerons plus loin –, pas plus que la Bible il n'a suffi à étancher la soif de questionnements et de réflexions nés à travers le temps. Le judaïsme n'a en fait jamais cessé d'entretenir une intense création intellectuelle.

Ce fut d'abord celle de la Kabbale, puis se succédèrent les enseignements de Maimonide, de Baal Chem Tov, le père du hassidisme, du gaon de Vilna, du rabbin Nahman de Bratslav... Jusqu'à ceux de philosophes plus contemporains comme Abraham Heschel et Martin Buber.

Puisant aux sources les plus diverses, acceptant des apports riches de pensées et de cultures multiples, cette recherche est demeurée en permanence ouverte et poreuse aux influences ambiantes. Maimonide travaillait en proximité avec son ami arabe Averroès, et leur réflexion était tout naturellement imprégnée de la pensée d'Aristote. Des années plus tard, Hermann Cohen travaillait, au sein de l'intelligentsia allemande de la fin du XIXe siècle, dans la vénération du maître de Königsberg, Emmanuel Kant... En fait, poursuivant la pensée du judaïsme à travers le monde et les époques, tous ces hommes formèrent une chaîne de savoir tout entière consacrée à l'espoir de la vie. C'est en cela que, bien qu'appartenant à un petit peuple et attachés à une religion minoritaire, ils ont su atteindre l'universel.

Mais, rassurez-vous, mes chers filleuls, vous n'êtes pas obligés de lire leurs ouvrages dès demain. Vous les lirez seulement si vous en êtes vraiment curieux. Par plaisir...

Pour continuer de nous approcher du judaïsme, contentons-nous de suivre les trois personnages clés de son histoire : Abraham, Moïse et Ezra. Trois destins fabuleux, trois leçons magistrales sur les différentes armes données à l'homme pour combattre le mal. Pour cette raison, ces trois figures tutélaires m'ont attaché au judaïsme. Peut-être parce qu'il est plus facile de s'identifier aux hommes qu'aux idées. Le récit d'une vie est plus familier et plus accessible qu'un concept. Roméo et Juliette symbolisent depuis cinq siècles l'amour, même si la notion d'amour a changé à plusieurs reprises depuis...

ABRAHAM

Tout commence par Abraham. Né il y a plus de quatre mille ans, en Mésopotamie, au pays d'Ur, au cœur de l'immense plaine fertile étendue entre les fleuves Tigre et Euphrate, où régnaient alors la puissance et la richesse de la troisième dynastie sumérienne. L'opulence de Sumer n'était pas seulement faite d'abondante nourriture et de commerce : elle était déjà celle d'une très grande civilisation et, sans doute, de la première civilisation urbaine à économie centralisée.

Elle fut à l'origine d'un art étonnant et accompli. Des statues en diorite restent aujourd'hui encore des chefs-d'œuvre de grâce et de simplicité. Les Sumériens se vouaient à des idoles, de multiples dieux d'argile et de terre cuite, liées à la nature et à un monde cosmique à l'imaginaire riche. Pour rendre compte de ce vaste panthéon, plus de trois mille ans avant l'ère chrétienne, ils donnèrent forme à un bestiaire qui reste unique. Mais surtout, c'est à Sumer que naquit l'écriture.

Cette écriture, dite cunéiforme, on ne commença à en percer le mystère qu'au milieu du siècle dernier. Son étude révéla, outre la langue sumérienne, une autre langue, l'akkadien, apparentée à l'hébreu et l'araméen. De toute évidence une langue sémite.

Sémite vient de Sem, nom de l'un des trois fils de Noé, rescapés du Déluge avec lui. Dès la fin du quatrième millénaire avant notre ère et pendant tout le troisième, un flux constant de Sémites vint s'installer dans le sud de la Mésopotamie, dans les principales métropoles de Sumer : Uruk, Larsa, puis Babylone, Suse, Ur...

Aux alentours de 2300, cet afflux de tribus sémites devint si important qu'elles supplantèrent les Sumériens d'origine. Cette balance démographique ne pouvait pas rester sans effet et c'est ainsi qu'émergea le premier empire sémite de Babylonie : l'Empire *akkadien*, du nom de son fondateur, Sargon d'Akkad.

La plus importante de ces tribus était celle des Hébreux – *'ivrim*, les « passeurs ». Son chef s'appelait Térah, son fils Abram. Pour une raison que l'on ignore, les Hébreux remontèrent à un moment de leur histoire les mille trois cents kilomètres de l'Euphrate, en direction du nord, atteignant Harran, une grande cité marchande où ils s'installèrent.

Là, Térah devint fabricant d'idoles. Comme il était d'usage que chacun possède chez soi, par précaution, une ou plusieurs effigies votives de ces dieux, le père d'Abram devint l'un des hommes les plus importants et les plus courtisés de Harran, ce qu'aujourd'hui on appellerait un « notable ».

La fonction de Térah sera déterminante dans le destin de son fils. Dans la boutique où les habitants de Harran viennent choisir une idole, Abram peut, comme des millénaires plus tard un Charcot à l'hôpital de la Salpêtrière à Paris ou un Freud dans son cabinet médical à Vienne, observer les inhibitions des hommes, leurs peurs, leurs préjugés, les pulsions qui les travaillent. Il écoute pendant des heures leurs récits, leurs confessions. Tel un médecin qui, aujourd'hui, proposera un médicament ou une cure, il entend son père leur conseiller une statuette d'argile. Ces prescriptions, on s'en doute, étaient suivies d'une efficacité tout aléatoire.

Ainsi, bien qu'elle fît la fortune de son père, et donc la sienne, Abram en vint à mesurer l'inanité de l'idolâtrie ambiante. Au contact direct des angoisses et des souffrances humaines, le premier dans l'Histoire il se rend compte que le mal ne vient pas de l'extérieur de l'homme, même si cet « extérieur » s'avère hostile et agressif, mais de l'intérieur même de chacun. Triste découverte. Il ne voit pas comment l'homme pourrait changer, s'améliorer. Il ne sait même pas s'il est guérissable. Pourtant, il croit encore qu'il existe un moyen pour stopper le mal et protéger l'homme contre ses tentations destructrices. Et, par là même, l'aider à vivre avec les autres.

Quel moyen ? Une autorité capable d'émettre de nouvelles règles de conduite et de les imposer. Une autorité acceptée par tous. Et, surtout, crainte par tous !

Or, intuitivement, Abram sait qu'il ne la trouvera pas au sein du monde qui l'entoure. Un roi puissant, même juste, se verra contesté par d'autres rois plus puissants que lui. Un dieu, même respecté, verra se dresser contre lui d'autres dieux.

De plus, ce morcellement des pouvoirs – supposés – des idoles fragmente le monde. Si les dieux eux-mêmes sont multiples, il n'est pas d'union possible entre les hommes. Il n'est pas de force commune et d'entraide. Les uns idolâtreront telle ou telle divinité, d'autres seront adeptes de telle puissance... Désuni de l'humanité, chacun se retrouve seul et tentera de « sauver sa peau ».

En s'en remettant à des demi-puissances on ne pouvait qu'ouvrir la porte du chaos, au risque d'engendrer des maux plus grands, des affrontements plus dévastateurs... Et c'est là, dans cette intuition fabuleuse d'Abram, que s'opère un retournement radical.

Il a compris – son expérience chez son père fabriquant d'idoles n'y est pas pour rien – que les hommes, dans leur quête du divin, cherchent moins à admirer et se soumettre à un dieu qu'à obtenir de lui aide et soutien. C'est par leur confiance en un au-delà des puissances visibles qu'ils trouveront, en eux-mêmes, la force et le courage de vaincre les épreuves de l'existence et l'obscurité de leur mort. En un dieu, mais en *un seul* dieu.

Un dieu unique, créateur suprême de toute chose et de l'homme. Une autorité qui ne peut se trouver que hors du monde connu. Un créateur qui devance les lois et les forces de la nature. C'est ainsi qu'apparaît le « dieu un ». Et cette vision de l'homme dans le monde s'avère profondément réunificatrice.

Si le dieu est un, les hommes, rassemblés sous sa protection, formeront enfin une communauté unie, une fraternité. Avec ce dieu, créateur-accompagnateur, garant de la nécessité du bien, alors peut-être sera-t-il possible de passer un pacte pour le bien de tous.

Nous voilà face à la plus prodigieuse invention de l'histoire de l'humanité !

Cependant, aussitôt Abram doit faire face à une multitude de questions. D'abord, quels seront les attributs de ce dieu un ? Dans son apparence comme dans ses manifestations, il doit être au-delà de toutes représentations réelles ou imaginaires. Il ne peut être en rien comparable aux médiocres statuettes d'argile fabriquées par son père. Il sera donc *invisible* !

Sans le savoir peut-être, Abram vient d'opposer pour la première fois la culture à la nature. Dieu sera en l'homme une présence impalpable. Mieux, il sera « abstrait » et ce seront les actes des hommes et leur conséquence dans le monde qui révéleront sa présence et témoigneront de sa puissance...

Car, bien sûr, il sera puissant. Non seulement parce qu'il a créé l'homme, mais parce qu'il a créé l'univers tout entier. Il sera donc, aussi, en mesure de le détruire quand bon lui semblera.

Il sera aussi le dieu de la justice puisqu'il aura créé l'homme à son image. Tous les hommes. Qu'ils soient grands ou petits, noirs, jaunes ou blancs... Il les a voulus, dès l'origine, dans une pure et absolue égalité. Ainsi, sa volonté du bien les concerne tous, et la justice, face au manquement, sera la même pour tous...

Ici commence, mes chers filleuls, une très grande aventure humaine dont le judaïsme est le premier fruit, celle du *monothéisme*. La croyance en un dieu unique, à l'exclusion de toute autre divinité...

Si cela ne devait être que le seul apport des Juifs à l'histoire de l'humanité, leur seule création, il nous faudrait déjà reconnaître qu'ils ont réussi là un pari grandiose. Le christianisme et ses différentes branches, ainsi que l'islam et ses multiples tendances, comme le judaïsme lui-même, ne représentent chacun, aujourd'hui, que quelques-unes des facettes de l'immense sagesse du monothéisme.

Je dis que l'aventure commence, car dès qu'Abram a eu pris conscience de l'inanité des idoles, dès qu'il a eu l'intuition du « dieu un », l'Histoire alors se met en mouvement. Dieu se manifeste à lui et propose sa voie, son alliance...

Mais écoutons comment la Bible nous raconte cela.

Un jour, tandis qu'il se trouvait hors de la ville, une voix se fit entendre :

« Abram ! Abram !

– Me voici », répondit-il aussitôt.

Puis il leva la tête, scruta l'alentour et le ciel, mais ne vit rien. La voix continua pourtant à se faire entendre. Elle lui ordonna de détruire les idoles qui se trouvaient dans l'atelier de son père.

Une pareille injonction n'allait pas de soi. Pour les habitants de Harran, pour tous les peuples de la Mésopotamie d'alors, les croyances polythéistes étaient absolues. Détruire les idoles était un sacrilège qui pouvait entraîner les pires désastres. Les puissances de la nature, bafouées, humiliées, n'auraient de cesse, à leur tour, de détruire les villes et les hommes. Le ciel se déchaînerait en une tempête inouïe, la terre s'ouvrirait et engloutirait tout...

Néanmoins, Abram trouva en lui le courage d'affronter toutes ces menaces. Il alla dans l'atelier de son père et réduisit en poussière de terre les idoles qui y attendaient le client. Comme il s'en doutait, il ne se passa rien. Le ciel resta bleu et le monde ne trembla point.

La preuve était faite que les idoles n'étaient que des amas de glaise séchée au soleil. Leur puissance était nulle. Les dieux qu'elles représentaient n'existaient que dans l'imagination craintive des hommes...

Abram alors retourna dans le champ où il avait entendu la voix et scruta le ciel. Une nouvelle fois il entendit la voix qui lui ordonna :

« Va-t'en de ton pays, éloigne-toi de ta patrie et de la maison de ton père. Va dans le pays que je te ferai voir ! Je ferai de toi une grande nation et je te bénirai : je rendrai ton nom grand et tu seras une source de bénédiction ! Je bénirai ceux qui te béniront et je maudirai ceux qui te maudiront. Et toutes les familles de la terre seront bénies en toi... »

Et la voix ajouta :

« On ne t'appellera plus du nom d'Abram, dorénavant ton nom sera Abraham... »

Or en hébreu Abraham signifie précisément « le père d'une multitude de nations ».

Il faut le reconnaître, les rédacteurs de la Bible racontent bien.

Cette première métamorphose de l'individuel en l'universel, incarnée par un homme, Abraham, qui ressemble à tous les hommes, est d'une simplicité merveilleuse ! Qui mieux que ma génération, qui a subi la pression des idoles et les exigences sacrificielles de leurs prêtres, peut comprendre le courage de cet Abram-Abraham, le premier homme révolté ?

Et puisque dans un récit comme celui-ci on ne peut pas évacuer la part intime qui nous rattache à son sujet, je dois dire que ma tendresse pour Abraham vient aussi du fait que mon grand-père, mort dans la révolte du ghetto de Varsovie, dont j'aurai l'occasion de vous parler, portait le même prénom que lui.

L'Abraham de la Bible, lui, à la tête de sa tribu, poursuit la route que l'Éternel lui a tracée. Après un immense périple il parvient au pays de Canaan, aux environs d'un village perché dans les monts de Judée, du nom de Salem, qui deviendra Jérusalem.

À travers Abraham, Dieu scelle, dit la Bible, l'alliance avec un peuple. Une alliance au sens le plus plein du terme, car on ne scelle une alliance qu'avec un partenaire. Une alliance d'égalité, donc, et non de soumission.

Un épisode illustre bien cette liberté que vient de conquérir l'homme et le sens de la solidarité qui accompagne cette conquête. Un jour, Abraham apprend que Dieu se prépare à détruire Sodome et Gomorrhe en raison de leur « méchanceté ». Ce projet le bouleverse, comme il nous aurait bouleversés nous-mêmes. Il ne peut accepter ce massacre en se contentant de serrer les dents. Il doit défendre l'idée de la justice à laquelle il a souscrit et user de la liberté de parole et de conscience qui lui a été accordée. Alors il s'adresse à Dieu :

« Feras-Tu aussi périr le juste avec le méchant ? s'écrie-t-il. Peut être y a-t-il cinquante justes au milieu de la ville... Les feras-Tu périr aussi et ne pardonneras-Tu pas à la ville parce qu'elle a su conserver cinquante justes en son sein ? Loin de Toi de faire mourir le juste avec le méchant en sorte qu'il en soit du juste comme du méchant ! Loin de Toi ! Est-ce que Celui qui juge toute la terre ne pratiquerait pas la justice ? »

Cette interpellation est agressive. Est-ce ainsi que l'on s'adresse à son Dieu ? Pourtant Dieu ne S'en offusque pas. Abraham et, à travers lui, tous les hommes ont signé une alliance et se réclament à présent des mêmes valeurs que Lui, Dieu. Il peut donc parler de justice d'égal à égal...

Plus tard, le Talmud dira que la Loi avait précédé Dieu. L'homme peut par conséquent mettre l'Éternel au défi – tout comme l'Éternel peut mettre l'homme au défi – car il est des normes et des principes qui se trouvent au-dessus de l'un et de l'autre.

Pour l'heure, l'Éternel répond à Abraham :

« Si je trouve à Sodome cinquante justes au milieu de la ville, je pardonnerai à toute la ville à cause d'eux. »

Et Abraham, qui n'est pas certain de pouvoir trouver cinquante justes à Sodome mais a bien conscience de la force morale qu'il représente, insiste :

« Voici que j'ai résolu de parler à mon Seigneur, moi qui suis poussière et cendre ! Mais, peut-être, aux cinquante justes en manquera-t-il cinq. »

L'Éternel répondit :

« Je ne détruirai pas si j'y trouve les quarante-cinq. »

Et la négociation se poursuivit jusqu'à ce que dix justes suffisent... Finalement, il ne se trouva à Sodome qu'un seul juste à sauver : Loth. Il le fut, mais la ville fut détruite. Dieu exerça Son pouvoir, néanmoins Abraham Lui avait rappelé le cadre de justice dans lequel Il devait le faire, le respect de leur alliance.

Et c'est ainsi, me semble-t-il, que deux mille ans avant la naissance du christianisme et deux mille six cents ans avant celle de l'islam, l'homme, selon le judaïsme, s'émancipe de Dieu.

Il y aurait certes encore beaucoup à dire d'une figure aussi riche et grandiose qu'Abraham qui annonce l'histoire infinie de Dieu. Je vous laisse le soin, et j'espère vous en avoir donné l'envie, d'aller retrouver ses aventures dans le Livre...

Il est temps que je vous parle d'un autre « père fondateur » du judaïsme, celui avec qui a commencé l'histoire des hommes.

MOÏSE

J'ai découvert Moïse un soir de la Pâque juive – en hébreu *Pessah*, « passage » – chez mon grand-père Abraham, à Varsovie. J'avais quatre ans et demi. Moi qui, mes chers filleuls, fais si souvent appel à votre imagination au cours de ces pages, j'usais de la mienne comme le font les enfants de cet âge-là.

Mon grand-père racontait et lisait la sortie des Juifs d'Égypte. Les yeux clos, je laissais les mots m'emplir de scènes, de bruits et de paysages. J'essayais de me représenter ce Moïse si extraordinaire qu'il pouvait aussi bien tenir tête à Dieu que s'opposer au pharaon. Mais mon rêve restait assez pauvre. Moïse m'apparaissait immense, les cheveux blancs, le visage auréolé d'une sorte de lumière bleue – pourquoi bleue ? – et tenant entre ses bras puissants les deux lourdes tables de la Loi. En fait, je crois que je devais cette image à une médiocre gravure tirée de la fameuse sculpture de Michel-Ange et que j'avais vue dans une encyclopédie illustrée. Seule différence, mais importante : « mon » Moïse était debout et non assis. Debout et d'une immobilité presque angoissante...

Longtemps après que mon grand-père se fut tu, j'ai encore essayé, de toutes mes forces, de le faire bouger. Mais mon imagination s'y refusait absolument. Moïse contemplait le long chemin devant lui, la mer Rouge ou le désert, mais n'avançait pas d'un mètre ! Pourtant, il me suffisait de peu de chose pour que je puisse me représenter la foule des Juifs qu'il entraînait. Eux, je les voyais marcher dans la poussière, se soutenir, prier, avancer...

Il n'empêche, je ne distinguais même pas Moïse à leur tête !

Cette immobilité de Moïse m'a accompagné pendant toute mon enfance, pendant toute la guerre, puis encore lorsque je suis arrivé à Paris. Ce n'est que plus tard, bien plus tard, à Jérusalem, lors d'une conversation avec le rabbin Adin Steinsaltz, le grand et subtil commentateur du Talmud, qu'enfin je pus me le représenter tel qu'il devait être vraiment : un extraordinaire homme du mouvement, un prodigieux organisateur.

Pour je ne sais plus quelle raison, nous évoquions le départ du peuple d'Israël d'Égypte. Le rabbin soudain me cita des chiffres qui me stupéfièrent.

– Il y avait là, me dit-il en hochant la tête, six cent un mille sept cent trois hommes juifs !

Vous rendez-vous compte de ce que cela signifie ? Ce chiffre n'intègre ni les femmes ni les enfants juifs, ce qui déjà le triple au moins. Pas plus qu'il ne prend en compte les esclaves égyptiens, libyens, syriens et tous ceux qui, comme lors de chaque grand exode, profitèrent de l'occasion pour fuir leurs maîtres et se libérer. C'est sans compter, en outre, le peuple de Jéthro, le grand prêtre des Madianites, qui se joignit à cette fabuleuse cohorte humaine.

En réalité, ce sont plus de trois millions de personnes, avec leurs troupeaux, leurs effets et leur immense espérance qui atteignirent Ramsès, une ville à l'est du delta du Nil, tout au nord de l'Égypte. Trois millions d'êtres qui s'en remirent à la parole de Moïse pour le suivre jusque dans le désert, sur le chemin de Canaan... Trois millions, pour une population globale du Moyen-Orient qui devait alors en compter à peine quatre fois plus !

C'est à vous, mes chers filleuls, de faire maintenant preuve d'un peu d'imagination... Pour moi, la vision soudaine de cette multitude bigarrée, si démesurée qu'elle devait emplir des vallées, recouvrir des plaines entières, me bouleversa. C'était, littéralement, un pays en marche !

Pour une fraction de seconde, alors que le rabbin Steinsaltz souriait de mon étonnement naïf, je fermai les yeux. Et je vis enfin bouger Moïse !

Je l'ai vu avancer, toujours aussi intransigeant et volontaire, à la tête de ce flot humain. Je l'ai vu s'entretenir avec son beau-père Jéthro, nommer des ministres, des juges, des gardiens d'ordre... Je l'ai vu soucieux, priant et portant la responsabilité de cette multitude sur ses épaules. Je l'ai vu convainquant les uns et bousculant les autres, mais chaque matin repartant malgré le soleil, la poussière et la fatigue. Et toujours, pendant quarante années, organisant, gouvernant et conduisant ces millions d'hommes et de femmes plus profondément dans le chemin de l'espoir, là où il n'y avait rien, là où il était absurde d'aller, mais où pourtant, il le savait, tout était encore possible.

Je vous le demande, mes chers filleuls, combien d'hommes ont su faire entrer un peuple d'esclaves dans l'Histoire ? Combien, prenant tous les risques et les assumant tous, ont su sauver leur peuple de l'anéantissement ?

Aujourd'hui encore, tandis que je vous parle, je tremble d'émotion au seul souvenir de ces images.

Moïse est né en Égypte, sous le règne de Ramsès II, en 1225 avant notre ère. Alors qu'il est condamné à mort par le pharaon, comme tous les mâles premiers-nés juifs, sa mère le place dans une corbeille en osier et l'abandonne aux eaux du Nil. La fille du pharaon, qui va se baigner dans le fleuve, trouve le panier parmi les roseaux. Émue par le nourrisson et la mort à laquelle il est voué, elle décide sur-le-champ de l'adopter. Le garçon reçoit le nom de Moïse, « sauvé des eaux »... L'histoire, jusque-là, est aussi romanesque qu'un beau film.

En fait, il n'est pas impossible que Moïse soit né deux siècles plus tôt, sous le règne de Thoutmès III et Aménophis IV. Les inscriptions de Serabit el-Qadim, en plein massif du Sinaï, datant justement du XVe siècle d'avant notre ère, racontent l'histoire d'un révolté. On pourrait penser qu'il s'agit de Moïse. Les archéologues qui découvrirent le site crurent reconnaître dans les signes gravés dans les rochers le premier alphabet. Moïse en serait-il l'inventeur ?

Ces deux siècles d'écart ne changent rien à la compréhension du judaïsme. Cependant, cette perspective chronologique alimente le débat sur la décision du pharaon Aménophis IV – qui se donnera pour nom Akhenaton, « fils d'Aton » – d'imposer à l'Égypte un dieu unique, Aton, dieu du Soleil. Pour voir dans cette évolution une influence du monothéisme juif, il est évidemment nécessaire que Moïse soit né bien avant le règne de Ramsès II...

Quoi qu'il en soit, qu'il s'agisse de l'une ou l'autre période, les Hébreux s'installèrent en Égypte quelques siècles avant la naissance de ce bébé voué aux eaux du Nil. C'est Joseph, fils de Jacob, qui les y conduisit à l'issue d'une grave dispute familiale...

Souvenons-nous qu'Abraham – qui vécut jusqu'à un âge peu commun avec une verdeur tout aussi rare ! – eut tardivement un fils de sa servante Agar : Ismaël. Mais, le sachant triste depuis toujours de ne pas avoir de descendance avec sa femme Sarah, l'Éternel lui accorda cette grâce inattendue au soir de sa vie : Sarah enfanta Isaac. Isaac eut à son tour pour fils Jacob, qui devint le père prolifique de treize enfants, douze fils et une fille, Dina.

De ces douze fils, arrière-petits-fils d'Abraham, naquirent les douze tribus d'Israël. Joseph était l'un d'eux, l'avant-dernier pour être précis – le dernier était Benjamin, d'où l'expression « le benjamin de la famille ».

Joseph était le plus sage parmi les frères et pour cette raison le favori de Jacob. Cette préférence ouverte déclencha inévitablement la jalousie de ses aînés... Remarquez ici la vérité des personnages de la Bible ! Cette famille fondatrice ne ressemble-t-elle pas aux nôtres ? Leurs disputes mesquines, leurs complots dérisoires ne nous paraissent-ils pas familiers ? Emportés par les mêmes passions, par les mêmes préoccupations que les plus simples d'entre nous, ces personnages acquièrent une humanité bien réelle. Et c'est autant, peut-être, par la grâce de leurs défauts que de leurs qualités qu'ils atteignent à l'universel !

Jacob, donc, aveuglé par son affection pour Joseph, commet une erreur. Sans doute avec trop de précipitation, il annonce à ses fils que Joseph prendrait sa succession à sa mort.

Aussitôt la fratrie se révolte. Le conflit entre les fils devient brutal. Pour se débarrasser de Joseph, ses frères le kidnappent et le vendent à un caravanier acheminant un chargement d'esclaves en Égypte...

Mais ce forfait va se révéler une chance pour Joseph. Acheté par un Égyptien, il fait preuve d'une résistance et d'une sagesse peu communes et finit par attirer sur lui l'attention bienveillante de son maître. De fil en aiguille – et vous me pardonnerez de prendre cet abrupt raccourci –, Joseph attirera l'intérêt du maître de son maître : le pharaon en personne, tant et si bien qu'il deviendra son « Premier ministre ».

C'est alors que l'histoire se boucle. Tandis que le prévoyant Joseph a fait stocker d'importantes quantités de vivres dans les terres d'Égypte, une sécheresse exceptionnelle affame les Hébreux demeurés au pays de Canaan. Harcelés par la faim, les frères de Joseph décident de conduire leur clan vers le sud, vers l'Égypte. Lorsqu'ils y parviennent, Joseph les reconnaît et leur pardonne. Mieux, il les invite à s'installer dans sa nouvelle patrie.

Je me suis permis de raconter brièvement cette épopée pour que vous puissiez mieux comprendre la différence de traitement que l'Égypte réserva aux Hébreux à l'époque de Joseph puis à celle de Moïse.

À l'époque de Joseph, les Hyksos, peuple sémite cousin des Hébreux et, comme eux, venus de Mésopotamie, dominaient l'Égypte. À la naissance de Moïse, il en allait tout autrement. Le pays des pharaons vivait sous la férule de la dynastie thébaine, venue du Sud. Pour elle, le dieu unique et invisible des Juifs était perçu comme une contestation, une menace éventuelle contre son propre pouvoir. Les Égyptiens n'eurent alors de cesse de soumettre les Hébreux. Le moyen de le faire d'une façon rentable et sommaire se présenta très vite. Constamment à la recherche d'une main-d'œuvre bon marché pour construire de nouvelles cités, ils transformèrent les Juifs en esclaves...

Moïse, « sauvé des eaux », vit donc dans un contexte absolument différent de ses prédécesseurs. Pourtant, il va être le second personnage de notre histoire à qui Dieu parle.

Fils adoptif de la fille du pharaon et choyé par elle, Moïse a grandi à la cour. Adulte, il est devenu un véritable Égyptien, totalement intégré et le plus souvent oublieux de ses origines. Par tous, courtisans et responsables politiques, il est tout naturellement considéré comme le cousin de celui qui va monter bientôt sur le trône...

Dans ces conditions, c'est bien tardivement qu'il découvre l'existence des esclaves hébreux et la vie terrible que les maîtres de l'Égypte leur font mener. Un jour, voyant un contremaître fouetter violemment l'un d'eux, Moïse ne peut contenir sa colère. Il arrache le fouet des mains de l'Égyptien et le tue. Le scandale est immédiat. Et, bien sûr, la mémoire revient aux Égyptiens. Dès cet instant, il cesse d'être le fils de la fille du pharaon pour n'être plus qu'un Juif.

En fuite, il se retrouve dans le désert du Sinaï. Près d'un puits, il rencontre une jeune femme, Tsippora. C'est la fille du prêtre madianite Jéthro. Dès le premier instant de leur rencontre, Tsippora et Moïse tombent amoureux...

Moïse est donc accueilli dans la maison de Tsippora qui deviendra bientôt sa femme. Leur premier fils aura pour nom Guerchom – ce qui signifie « Étranger-là » ou plus clairement : « J'habite un pays étranger ».

Ce nom symbolisera une situation que les Juifs n'oublieront jamais.

« Vous traiterez l'étranger, dit le Lévitique, qui vit en ce jour parmi vous comme un indigène du milieu de vous ; vous l'aimerez comme vous-mêmes, car vous avez été étrangers dans le pays d'Égypte. » Cette règle de solidarité, fondement de toute relation humaine, et à laquelle aujourd'hui encore on se réfère si souvent – signe qu'elle est bien peu respectée –, devint, il y a plus de trois mille ans, l'une des premières lois du judaïsme !

Ainsi donc, en fuite de son Égypte natale et désormais père de famille, Moïse mène une vie de berger. Un jour, alors qu'il remonte une colline en poussant son troupeau devant lui, un appel lui parvient. Il entend que l'on crie son nom : « Moïse, Moïse ! »

Comme son ancêtre Abraham, Moïse regarde autour de lui, lève les yeux et ne voit rien. Mais la voix avait bel et bien résonné, comme elle l'avait fait pour Abraham.

La voix appelle à nouveau et l'Éternel s'annonce à Moïse. Et Il lui dit que, ému par les souffrances endurées par les Hébreux, le peuple avec qui Il a passé l'alliance, Il a décidé de le charger, lui Moïse, de libérer ses frères de l'esclavage du pharaon et de les conduire hors d'Égypte...

Cependant, dès ce premier instant de son face à face avec l'Éternel, Moïse va se montrer bien moins docile que son ancêtre Abraham. Il a grandi dans une autre civilisation, plus hiérarchisée que celle de Mésopotamie, plus intellectuelle, réaliste et pragmatique. De surcroît, c'est un sédentaire. Il ignore l'imaginaire aiguisé des nomades, des hommes qui voyagent, pour qui la vie est une aventure que des hasards mettent constamment à l'épreuve. Pour Abraham, une voix venue du ciel ne paraissait pas être une chose extraordinaire. Pour Moïse, c'est un mirage, un fait irrationnel et donc suspect. Il n'est donc pas question pour lui d'obéir les « oreilles closes ».

Moïse veut savoir à qui il a affaire. Il veut connaître le nom de celui qui parle. L'étrange preuve que lui fournit l'Éternel, un buisson qui flambe devant ses yeux et ne se consume pas, ne lui suffit pas. Il demande :

– J'irai donc vers les enfants d'Israël, et je leur dirai : « Le Dieu de nos pères m'envoie vers vous. » Mais s'ils me demandent quel est son nom, que leur répondrai-je ?

La réponse est prodigieuse : « Je suis celui *qui est.* »

Dans une traduction libre, cela pourrait s'énoncer ainsi : « Mon nom est *Sans-nom.* »

La philosophie tout autant que la psychanalyse nous ont appris que nommer une chose ou une personne revient à les faire exister dans notre monde intelligible. De plus, le nom nous permet aussi, en particulier dans nos relations avec l'autre, d'en borner le mystère et la différence et, au bout du compte, de se l'approprier. Or, toute la spécificité, l'énigme et la puissance de l'Éternel résident en cela même qu'Il existe hors de notre regard et de notre préhension : *Il est,* tout simplement.

Mais il y a plus.

« Je suis le Dieu d'Abraham, le Dieu d'Isaac, le Dieu de Jacob... », annonce d'emblée le Seigneur.

Ainsi, en se situant par rapport à une lignée et en raccordant Moïse à la longue histoire qui l'a précédé, Dieu désigne à tous les hommes un « avant » et un « après ». En un mot, le temps.

D'où la réflexion d'un écrit hassidique du XVIIIe siècle : « Pourquoi Dieu répète-t-Il trois fois : " Je suis le Dieu d'Abraham, le Dieu d'Isaac, le Dieu de Jacob ", alors qu'Il aurait pu dire plus simplement : " Je suis le Dieu d'Abraham, d'Isaac et de Jacob " ? »

Et le texte hassidique répond : si Dieu est le même pour tous les hommes, Il est et sera à tout jamais une expérience individuelle pour chacun, quels que soient le lieu ou le temps de celui qui partage l'alliance avec Lui...

Penser que l'histoire humaine s'inscrit nécessairement dans le temps et non seulement dans l'espace des nations et des cultures vous semble sans aucun doute aujourd'hui une évidence ! Sauf à considérer que nous sommes plus vieux que Moïse de quelques millénaires. Nous avons précisément eu « le temps » de nous faire à cet enseignement, qui, un jour, fut une découverte. Ce qu'elle signifiait était et reste essentiel. Si le temps n'est pas figé et répétitif, mais évolutif et variable, bref, s'il devient de l'Histoire, alors dans les méandres de son déroulement l'homme peut étudier et comprendre l'évolution de l'humanité comme sa propre évolution. Et en retirer du savoir, des règles et des lois...

Moïse comprend cela et accepte la proposition de l'Éternel. Néanmoins il lui reste encore une objection. Et de taille. Comment ? Comment va-t-il libérer son peuple de l'esclavage ?

« Par la parole ! » lui répond Dieu.

En cet instant-là, et pour la première fois, la parole de l'homme se trouve désignée comme une action.

Le Seigneur, Lui-même, n'a-t-Il pas créé le monde par le verbe ? La parole, dit Dieu à Moïse, non seulement permet de mettre le monde au monde, mais elle donne à l'homme son existence propre et devient son arme de libération la plus absolue... Il en va encore aujourd'hui comme d'alors. Rien n'a changé. Le souci premier des bourreaux et des despotes est toujours d'annihiler la parole de leurs victimes... Car, sitôt acquise ou reprise, elle les libère. La censure n'a pas d'âge et joue éternellement la même fonction.

Cependant, comme toutes les grandes et belles histoires, celle-ci comporte son lot de rebondissements inattendus. Moïse veut bien croire dans la valeur et l'efficacité de la parole divine, mais qu'en est-il de celle de l'homme ?

« Je serai avec toi », le rassure l'Éternel.

Moïse insiste :

« Ah, Seigneur ! Je ne suis pas un homme qui a la parole facile et ce n'est pas d'hier, ni d'avant-hier, ni même depuis que Tu parles à Ton serviteur : car j'ai la bouche et la langue embarrassées. »

Et nous apprenons avec étonnement que Moïse était bègue ! C'est là encore un symbole d'une force inouïe. Existe-t-il meilleure démonstration pour prouver à l'homme la puissance du verbe que de rendre victorieuse l'élocution incertaine et méprisée d'un bègue ?

Nous connaissons la suite de l'histoire : les premières rencontres de Moïse – on dirait aujourd'hui « négociations » –, en compagnie de son frère

Aaron, avec le pharaon, et les « dix plaies d'Égypte ». Même sans avoir jamais ouvert la Bible, nous sommes tous familiers du passage de la mer Rouge par les Hébreux et de l'épisode du mont Sinaï.

La Bible nous raconte que Moïse resta quarante jours au sommet de cette montagne haute de deux mille deux cent vingt-huit mètres. Là, avec l'aide de l'Éternel, il grava les dix commandements sur deux tables de pierre. On les désignera plus tard comme le Décalogue, mot formé à partir du grec : *deka logoi*, les dix paroles.

Toutefois, aussitôt cette tâche accomplie, Moïse se heurte aux premiers obstacles : l'incapacité des anciens esclaves à assumer leur liberté.

Tandis qu'il était sur le mont Sinaï, l'immense cohorte qu'il avait entraînée avec lui l'attendait, impatiente, dans le désert. Affamés, assoiffés, depuis plus d'un mois incertains de son retour, les Hébreux se révoltèrent contre celui qui les avait conduits dans un si long et si difficile voyage et vers un monde auquel ils n'étaient pas préparés. Révolte d'autant plus aisée que le « verbe » de Moïse, son charisme, était précisément absent pour les apaiser.

Lorsque enfin il redescendit vers les siens, Moïse les découvrit en pleine folie, adorant le veau d'or en des libations et des danses furieuses. Les insoumis d'hier à nouveau étaient prêts à se soumettre au premier despote venu, pourvu que celui-ci leur promette un avenir facile et proche.

Pour la plupart, ils n'avaient quitté l'Égypte que pour fuir leurs souffrances immédiates. Non pas pour fonder un pays et un monde nouveaux. Que signifiait pour eux la liberté si elle ne leur apparaissait que comme une source d'angoisse, une épreuve inutile dont la finalité leur échappait ? Que le présent fût si difficile, si incertain et menaçant leur devenait aussi incompréhensible qu'insupportable. À ce degré d'inquiétude, ils étaient prêts à renier tous leurs efforts passés. Ne valait-il pas mieux, au bout du compte, demeurer sous le fouet ?

« Que nous as-tu fait en nous faisant sortir d'Égypte ? demandent-ils à Moïse. Laisse-nous servir les Égyptiens car nous aimons mieux servir les Égyptiens que mourir dans le désert... » (Exode, 14, 5-12.)

La colère de Moïse est énorme. Hors de lui, il brise les tables de la Loi et, « avec la main forte de l'Éternel », fait périr les adorateurs de l'idole. Mais, aussitôt, il se ressaisit. Sans doute comprit-il qu'il devait, le premier, et même dans les pires des circonstances, pratiquer cette humanité dont il se réclamait. Et sans doute comprit-il aussi qu'aucune épreuve ne s'accepte si elle ne fait profondément sens dans le cœur des hommes.

Alors il demanda à Dieu de pardonner à ceux qui avaient désobéi. Puis, à nouveau, il escalada la montagne et grava la seconde version des lois.

Comme rien dans ce livre unique qu'est la Bible n'est écrit au hasard, comme le scénario n'use que de scènes indispensables, je me suis longtemps demandé pourquoi il avait été nécessaire que Moïse grave une seconde fois les tables de la Loi. Après tout, il aurait fort bien pu se mettre en colère sans pour autant briser les tables de pierre. De surcroît, les deux versions apparaissent à première vue parfaitement similaires.

Pourtant, une différence existe, et d'importance. Elle concerne le commandement relatif à l'observance du shabbat. Dans la première version, celle de l'Exode, Moïse se réfère, pour instituer ce jour « non actif », au repos pris par Dieu après la création du monde en six jours. Dans la seconde, celle du Deutéronome, il s'appuie sur le souvenir de l'esclavage en Égypte.

On peut voir dans ce déplacement la volonté de rendre l'homme seul responsable de la Loi qui le concerne. Alors que les Hébreux, en bas dans la vallée, étaient prêts à renier leur liberté et à retourner sous le joug de l'Égypte, la libération de l'emprise du pharaon devient précisément l'objet de mémoire et de méditation pour le jour du shabbat.

En quelque sorte, si la première version des dix commandements est celle de Dieu, la seconde devient celle de Moïse, donc de l'humanité. De plus, suggérer que les hommes entre eux, tirant les conséquences de leurs propres expériences, décident de leurs propres règles sous-entend qu'ils ne subissent pas ces règles par dévotion ou adoration. Ainsi, jamais elles ne pourront servir à l'idolâtrie. Il en découle un constat essentiel pour l'esprit du judaïsme : la Loi a été donnée par amour pour l'homme et non par amour et soumission à un dieu, fût-il l'Éternel !

Ne vous êtes-vous jamais demandé, mes chers filleuls, pourquoi, de tous les pères fondateurs du judaïsme, Moïse est celui qui nous semble le plus intensément « humain » ? Le seul à qui nous sommes capables de donner un visage, un corps ? Ce qui explique sans doute le grand nombre d'œuvres d'art, de récits, romans et films dont il est le héros...

Il est vrai que nous possédons plus d'informations sur lui que sur les autres. Il est vrai que, tout au long de son histoire, et dès sa naissance, il est fortement incarné. Tout se passe comme si, en nous livrant ces détails sur une « vraie vie », les rédacteurs de la Bible souhaitaient, dès la première heure, lui donner un destin purement terrestre.

En fait, par ce tour de passe-passe « littéraire », il semble au premier abord que l'œuvre de l'homme compte plus que celle de son Créateur. Mais, au bout du compte, nous comprenons que, par ce destin et par cette œuvre profondément humaine, la Bible éclaire au plus juste l'objectif de Moïse : atteindre et révéler l'humanité de l'homme. C'est aussi pour cela que son exemple peut nous aider dans notre vie et nous entraîner, parfois, au-delà de ce dont nous sommes capables...

Je me rappelle une rencontre avec Golda Meir, alors Premier ministre d'Israël. Nous étions en 1969. L'État hébreu était confronté à ses voisins arabes qui ne voulaient pas le reconnaître. Yasser Arafat, à la tête d'El Fatah, rejetait toute discussion et préconisait la destruction de ce qu'il appelait « l'État fantoche ». De sanglants attentats frappaient continuellement le pays, laissant pour toujours des stigmates dans l'histoire d'Israël.

Participant alors au Comité international pour la paix négociée au Proche-Orient, il me sembla nécessaire de rendre visite au chef terroriste, installé près d'Amman, et de lui parler. Je tins pourtant à en prévenir Golda Meir. J'obtins un rendez-vous et elle me reçut, je me souviens, dans un grand bureau vide. Dès que je lui fis part de mon projet, elle se raidit :

– Tu veux serrer la main de cet homme pleine du sang d'enfants juifs ? s'exclama-t-elle.

Je m'attendais à une protestation, mais pas à la violence que je lisais sur son visage.

– Et Moïse ? répliquai-je. Moïse n'est-il pas allé voir le pharaon, qui avait sur les mains le sang de tous les premiers-nés d'Israël ?

– C'est Dieu qui l'a chargé de cette mission, fit-elle, glaciale.

Après un âpre silence, elle poursuivit :

– Et tu n'es pas Moïse !

– En effet, rétorquai-je, mal à l'aise. Je ne suis pas Moïse et ce n'est pas Dieu qui m'a parlé. Mais ma conscience. De plus, je crois, moi aussi, au pouvoir du verbe.

Et j'ajoutai :

– Si la parole de l'un d'entre nous peut sauver la vie d'un enfant, il serait criminel de ne pas essayer.

Nous nous quittâmes froidement. Je me sentais penaud et avais l'impression de ne pas avoir été à la hauteur de la situation... Et, en vérité, était-il sérieux, des millénaires après le don des dix commandements, que deux adultes responsables s'en reportent au comportement de Moïse pour faire face à une décision difficile ?

Pourtant, nous devons nous souvenir que le Talmud prétend que tous les enfants à naître, même dans un avenir éloigné, étaient présents au pied du mont Sinaï lorsque Moïse a donné la Loi. Cela signifie que tout homme, dès sa naissance, possède le sens du bien et du mal. Autrement dit : tout homme possède une conscience. Je ne crois pas que ce soit là une chimère.

Pourquoi aucun des grands criminels de l'Histoire n'a-t-il jamais revendiqué ses crimes ? Au contraire, tous ont essayé de les maquiller, de les cacher, de les nier. Tous ont préféré le mensonge le plus grossier à la vérité, même lorsque leur puissance les plaçait à l'abri de tout jugement humain et de toutes représailles. Comme si tous ceux qui ne respectent pas la Loi la connaissent cependant et la redoutent...

Si cela est, alors il est en notre pouvoir de parler à la conscience des hommes. De tous les hommes. C'est pourquoi mon grand-père Abraham s'est adressé aux nazis dans le ghetto de Varsovie. C'est pourquoi Philon d'Alexandrie, en l'an 43 de notre ère, est allé parler à Caligula, insatiable assassin qui avait massacré jusqu'aux membres de sa propre famille. Lorsque ce dernier s'est mis à tuer les Juifs d'Alexandrie, Philon rédigea une pétition pour protester et la fit signer par des hommes célèbres de son temps. Puis il prit un bateau et se rendit à Rome pour la remettre à l'empereur. Contre toute attente, Caligula le reçut. Sans autre effet, il faut le reconnaître, que de s'affronter à sa culpabilité...

Quoi qu'il en soit, j'étais trop troublé par l'attitude hostile de Golda Meir pour me souvenir de cette histoire à ce moment précis. Cependant, le lendemain, une sonnerie de téléphone me réveilla vers six heures du matin. La secrétaire de Golda Meir me passait le Premier ministre :

– *Lekh!* me dit-elle simplement. Va!

Moïse, dit la Bible, mourut à l'âge de cent vingt ans, sur le mont Nébo, face au pays de Canaan promis par Dieu au peuple d'Israël. Pays qu'il ne connaîtra pas, pas plus qu'il n'eut le bonheur de voir à l'œuvre l'effet profond des commandements qu'il avait gravés et soumis à la capacité de son peuple. Sa seule récompense fut le baiser de l'Éternel. Dans la logique du judaïsme, l'anonymat de sa mort est parfait. Nul ne sait où se trouve sa sépulture, afin qu'elle ne puisse servir ni à une ferveur particulière ni à l'entretien de l'idolâtrie...

Il n'empêche, cette fin m'a toujours impressionné. Au contraire des figures essentielles des grandes religions, qui, d'ordinaire, atteignent une manière de transfiguration ou de sainteté à leur mort, Moïse, lui, quitte ce monde comme nous tous : dans la frustration et l'inachèvement. Il y a chez Kafka une phrase pleine de tendresse et de tristesse qui résume parfaitement ce sentiment : « Ce n'est pas parce que sa vie fut trop brève que Moïse n'atteignit pas Canaan, mais parce que c'était une vie humaine. »

LA LOI

Mes chers filleuls, je ne peux quitter le personnage de Moïse sans insister encore sur son œuvre fondamentale. C'est que la Loi et les dix commandements représentent assurément le premier pas vers la libération de l'homme, y compris dans son rapport à Dieu. Surtout dans son rapport à Dieu. Cet engagement à la liberté forme l'un des fondements essentiels du judaïsme.

De plus, j'aime l'idée de la prédominance de la Loi sur l'amour. N'en tirez pas la conclusion que l'amour n'a pas sa place dans ma tradition! « Tu aimeras ton prochain comme toi-même », la maxime se trouve, comme je vous l'ai dit, dans le Lévitique. Elle fixe le respect et l'amour de l'autre au cœur du judaïsme bien avant qu'ils n'apparaissent dans les Évangiles.

Toutefois, l'amour possède des formes multiples et des intensités variables. La Loi anticipe et dépasse nos relations personnelles en nous plaçant dans un tout : l'humanité en proie au risque du mal. « Ne hais point ton frère dans ton cœur. Reprends, reprends ton semblable, mais ne lui impute pas la faute à lui seul. Ne te venge ni ne garde rancune... » (Lévitique, 19, 18.) Et cependant, cette Loi demeure en toutes circonstances la même pour tous. Même pour notre ennemi : « Si tu rencontres le bœuf ou l'âne de ton ennemi égaré, ramène-le-lui. Si tu vois l'âne de ton ennemi succomber sous sa charge, tu t'en irais sans l'aider ? Non, non. Porte-lui secours ! » (Exode, 23, 4-5.)

Néanmoins la Loi nécessite un préalable : elle ne peut s'exercer que dans la liberté. Le Talmud nous le rappelle avec insistance. Si Moïse a gravé la Loi, c'est que le mot « gravé » – en hébreu *harout* – peut aussi se lire « liberté », *herout.* Or cette liberté dont on parle tant ne s'acquiert pas facilement.

Une fois dépassée la rébellion qui répond à la souffrance de la soumission, encore faut-il être en état de *vivre* la liberté acquise. C'est cela que découvrit Moïse en descendant du mont Sinaï. Ceux qui ont souffert et entrepris la rébellion ne peuvent, bien souvent, franchir les limites que leur impose leur passé.

Quand, en 1989, en pleine perestroïka, Andreï Sakharov me fit venir à Moscou, il était persuadé que la démocratie avait déjà pris ses quartiers en Russie.

– Il y a des manifestations, place du Manège, m'annonça-t-il fièrement. Et personne ne les interdit. Personne n'arrête ni ne déporte les manifestants !

En effet, plusieurs manifestations, pour l'indépendance des pays Baltes, de la Tchétchénie, pour plus de pouvoir à l'Église orthodoxe..., se déroulaient alors à l'ombre du Kremlin. Il y avait même une manifestation contre les Juifs ! Mais je remarquai que personne, personne, ne manifestait pour la démocratie !

Lorsque le soir je retrouvai Andreï Sakharov et sa femme Elena Bonner, je leur dis :

– Ils ne veulent pas !

– Quoi ?

– Les Russes ne veulent pas de la démocratie.

Sakharov se voûta un peu plus et sourit.

– C'est que la démocratie est comme une orange, fit-il.

– Ah ?

– Ceux qui n'ont jamais vu une orange ne risquent pas de demander une orange. Il faut d'abord faire connaître son existence, ses qualités..., créer le désir de l'orange pour que naisse l'envie de ce fruit.

Sakharov avait raison. Une chose est de se délier des chaînes, une autre est de savoir faire vivre la liberté.

Mais cela, Moïse le savait déjà il y a des millénaires. C'est pourquoi il maintint son peuple dans le désert pendant quarante ans après sa libération de l'esclavage égyptien. Il fallait que passe le temps d'une génération, que les réflexes des anciens esclaves – leur « culture de l'esclavage », en quelque sorte – disparaissent. Il fallait qu'une nouvelle génération naisse et grandisse dans la Loi, qu'elle s'y éduque et la respecte comme on respecte ce qui nous appartient.

Il existe, à ce propos, un conte hassidique assez savoureux. Dieu conçoit les dix commandements et

Se demande à qui Il va les proposer. Il Se souvient des fils d'Ésaü et S'adresse à eux. Or ceux-ci, tout naturellement, Lui demandent :

– Ces commandements, qu'ordonnent-ils ?

– Tu ne tueras point, répond l'Éternel.

– Non merci, répondent les fils d'Ésaü. Il nous faudrait renoncer à la bénédiction de notre père qui, en nous quittant, a dit : Vous vivrez par l'épée.

L'Éternel Se tourne alors vers les fils d'Ammon et de Moab.

– Qu'ordonnent tes commandements ? demandent-ils à nouveau.

– Tu travailleras six jours par semaine et, le septième, tu te reposeras...

– Comment survivrons-nous alors que sept jours de labeur ne suffisent déjà pas à nous nourrir ?

L'Éternel S'adresse enfin aux autres peuples, qui tous trouvent Ses commandements trop contraignants. Ils Lui suggèrent d'aller les proposer au peuple d'Israël, qui erre dans le désert et qui n'a pas grand-chose à perdre.

L'Éternel trouve l'idée bonne et convoque Moïse :

– Va demander aux Hébreux s'ils accepteraient les dix commandements.

Moïse prend la chose à cœur, mais s'adresse tout d'abord aux femmes. En effet, explique le Talmud, Moïse a compris que, si Dieu avait instruit Ève, Adam, de son propre chef, n'aurait jamais désobéi.

S'étant donc assuré le soutien des femmes, Moïse rassemble le peuple :

– Accepterez-vous les dix commandements ? demande-t-il.

– Nous les voulons, répondent les Hébreux, et ce qu'ils ordonnent, nous l'accomplirons !

Moïse se méfie d'un engagement aussi rapide :

– Qui seront devant Dieu les garants de votre promesse ? demande-t-il.

– Nos ancêtres.

– Vos ancêtres sont morts, comment pourraient-ils être vos garants ?

– Eh bien, ce seront nos prophètes.

– Vos prophètes ne sont pas encore nés, rétorque Moïse, comment pourraient-ils être vos garants ?

C'est alors que les femmes interviennent :

– Que nos enfants soient nos garants, proposent-elles. L'Éternel t'enseignera la Torah et toi tu l'enseigneras aux pères. Ensuite, les pères la transmettront aux enfants, et les enfants à leurs enfants...

Moïse se tourne vers les enfants :

– Êtes-vous d'accord pour être les garants de vos parents ?

– Nous le serons, répondent-ils.

Et c'est ainsi, conclut le récit, que les Juifs reçurent la Torah.

J'imagine que Moïse, lorsqu'il grava dans la pierre les dix commandements, eut à faire face à deux difficultés. Non seulement il lui fallait inventer une expression non imagée qui corresponde à l'idée abstraite d'un Dieu unique, mais il devait en outre penser à l'unité de cette foule disparate qui attendait son retour.

Aussi dut-il prendre en considération les multiples croyances qui travaillaient le cœur de ces hommes, leur histoire récente, leur expérience et leur capacité de compréhension, d'anticipation. On reste d'autant plus admiratif devant l'œuvre accomplie en ayant à l'esprit ce contexte particulier.

Les dix commandements commencent par un postulat : il y a Dieu, Il est un et Il est le seul créateur de la terre, du ciel et de l'homme.

Ce Dieu pose d'emblée, comme nous l'avons vu, l'humanité sur les rails de l'Histoire : « Je suis ton Dieu, Dieu de tes pères... » Et Il poursuit : « Je suis l'Éternel ton Dieu qui t'a fait sortir du pays d'Égypte, de la maison de servitude... »

Ces quelques lignes représentent le plus extraordinaire raccourci de la pensée humaine. En deux paragraphes, les hommes découvrent qu'ils sont placés dans le temps. Mais pas n'importe comment : libres ! Dieu les a fait sortir « de la maison de servitude ». Ce faisant, Il montre aussi que le temps appartient à l'humanité comme un outil potentiel de libération.

Néanmoins la liberté permet tout : le bien comme le mal. Ainsi que la soumission. La soumission à l'homme tout autant qu'aux forces de la nature, qui n'est qu'une autre forme d'esclavage.

C'est en pensant à tout cela, je crois, qu'Il grave le troisième et le quatrième commandement : « Tu n'auras pas d'autres dieux devant Ma face » et « Tu ne te feras point d'idoles, ni rien qui ait la forme de ce qui se trouve en haut dans les cieux, qui se trouve sur la terre ici, ou dans les eaux plus bas que la terre... Tu ne te prosterneras pas devant ces dieux et tu ne les serviras point... »

Lorsque Moïse désigne les idoles, auxquelles pense-t-il ? À celles représentant les éléments de la nature, bien sûr, les animaux sauvages, mais également à leur version humaine et bestiale : ces tyrans et dictateurs qui naissent et renaissent sans cesse – les pharaons, les futurs Caligula et l'immense cohorte qui aboutit à Hitler, Staline, Pol Pot et autres Ceauşescu...

Finalement, il n'est pas de liberté sans le sens de la liberté, c'est-à-dire de la Loi. Et il n'est pas de loi dans la « maison de servitude ». Des idoles, il s'en dresse constamment face à nous, et nous devons en permanence les affronter.

Ce faisant, Moïse flaire un autre danger : la soumission éventuelle à l'Éternel Lui-même, à celui qui nous a créés, qui nous a libérés de l'esclavage et qui nous a posés sur les rails de l'Histoire. C'est pourquoi il ajoute aussitôt : « Tu ne prononceras point le nom de l'Éternel, ton Dieu, en vain... »

À partir de là, il peut s'adresser aux hommes comme à des êtres responsables. Voilà pourquoi le commandement qui suit introduit pour la première fois, à ma connaissance, une règle sociale qui s'avéra essentielle : « Tu travailleras six jours, faisant tout ton ouvrage, mais, le septième jour, c'est le shabbat... Tu ne feras aucun ouvrage, ni toi, ni ton fils, ni ta fille, pas plus que ton serviteur, ta servante ou l'immigré... »

Des milliers d'années avant la première revendication syndicale, un homme invente une semaine de six jours de travail et d'un jour de repos pour tous, y compris pour les esclaves ! Nous pouvons imaginer ce qu'une telle loi a dû représenter à l'époque de Moïse quand, au début de notre siècle, elle paraissait encore trop révolutionnaire, chez nous, en France.

Pour les Juifs pieux, le shabbat a une signification supplémentaire : l'abolition du temps. Car là où il n'y a ni action ni travail, aucune intervention humaine, le temps ne se mesure plus. Or, quand l'homme se détache de sa relation active au monde, il se rapproche de Dieu. Ce qui fait dire au Talmud que, « la veille du shabbat, l'Éternel donne à l'homme une âme supplémentaire et [que], le soir du shabbat, Il la lui retire ».

En outre, certains penseurs juifs, comme Erich Fromm, croient que la survie spirituelle et morale des Juifs, au cours de deux mille ans de persécutions et d'humiliation, n'aurait guère été possible sans ce jour de la semaine durant lequel le plus pauvre, le plus déshérité, se voyait transformé en un être digne et fier, et le mendiant en roi...

Il serait trop long d'analyser ici tous les autres commandements. Certains vous sont bien connus : « Tu ne tueras point » ou « Tu respecteras... ». Ils font aujourd'hui partie de presque toutes les législations du monde.

Lorsque les révolutionnaires de 1789 cherchèrent sous quelle forme crédible et compréhensible par tous les nouveaux citoyens de la République ils allaient inscrire le très beau texte de la Déclaration des droits de l'homme, ils choisirent, tout anticléricaux qu'ils fussent, les tables de la Loi.

En fait, les dix commandements annonçaient toute une législation, consacrée aux pratiques quotidiennes, que Moïse ordonna pendant les quarante ans de son errance dans le désert. C'est ainsi qu'avant de mourir il nous légua un code moral d'une modernité inouïe :

« N'humilie pas l'étranger, ni l'opprimé, car vous avez été étrangers en Égypte ! N'humilie jamais la veuve ni l'orphelin !... » (Exode, 22, 20.)

« N'exploite point le journalier pauvre et nécessiteux, que ce soit un de tes frères ou un de ces étrangers qui sont dans ton pays, dans tes portes. Le jour même tu lui remettras son salaire, avant que le soleil ne se couche, car il est pauvre et il attend son salaire avec anxiété » (Deutéronome, 24, 10-22).

Rappelez-vous, mes chers filleuls, que cela a été écrit il y a environ trois mille cinq cents ans !

Et Moïse continue :

« Quand tu feras la moisson de ton champ, si tu as oublié dans le champ une gerbe, ne retourne pas la prendre, elle sera pour l'étranger, pour l'orphelin et pour la veuve... » (Deutéronome, 24, 10-22.)

« Tu ne suivras pas la foule pour mal faire et tu ne déposeras point dans un procès pour le faire pencher dans le sens du grand nombre... » (Exode, 6, 2.)

Je soupçonne Moïse d'avoir, comme tous les grands législateurs, pensé aussi à l'organisation de la société juive dans son pays. On ressent, d'ailleurs, dans son testament, sa tristesse légitime de n'avoir pas pu la réaliser. Je qualifierai la société qu'il espérait de « démocratie biblique », par opposition à la « démocratie athénienne ».

À Athènes, l'égalité ne concernait que les citoyens membres de la même caste qui se réunissaient sur l'agora pour résoudre leurs différends. Les autres habitants, les métèques, les esclaves, les étrangers, qui représentaient la majorité de la population, étaient exclus de la vie de la cité. Platon voulait même en rejeter les poètes qu'il considérait comme des menteurs !

La démocratie biblique, en revanche, s'adressait à tous. Comme je l'ai déjà souligné, dans la pensée juive, tous les hommes sont égaux, puisque tous sont créés à l'image de l'Éternel. Cette démocratie biblique s'appuyait sur trois piliers : le politique, le religieux et la société civile. La politique se trouvait sous la responsabilité des rois. La religion était gérée par des prêtres choisis au sein de la tribu de Lévi – d'où leur nom de lévites ; leur premier chef fut Aaron. C'est ainsi que l'on vit apparaître, pour la première fois dans l'Histoire, une distinction entre la religion et l'État.

Quant à la société civile, les prophètes en furent ses porte-parole. Là encore, une précision s'impose : le prophète, au sens judaïque du terme, n'est pas, comme on le croit communément, un « voyant ». Voyant se dit en hébreu *rohé*. Le prophète, lui, c'est le *navi*. Ce qui signifie « homme qui parle », « orateur ». De fait, exprimant les sentiments de la population face aux rois et aux prêtres, le prophète était avant tout un leader politique et social. Ainsi que Lao Tseu ou Bouddha, le prophète ne pouvait éviter d'être un dissident ou un révolutionnaire. Car il voyait la réalité et disait ce qu'il voyait. Il analysait les possibilités de changement et il les annonçait. Comme le rappelait le prophète Amos :

« Le lion rugit : qui ne serait effrayé ? Le Seigneur, l'Éternel, parle : qui ne prophétiserait ? »

Cependant, cette « démocratie biblique » ne pouvait se réaliser en un jour. Pour que la répartition mosaïque des responsabilités s'accomplisse, il était nécessaire, comme ce fut le cas pour la liberté et la Loi, que les hommes en viennent eux-mêmes à la désirer. C'est ce difficile passage que raconte l'histoire de Samuel.

Lorsque les Hébreux s'installèrent enfin dans le pays de Canaan, après la mort de Moïse, la Loi ayant pris toute son importance, ils étaient dirigés par des juges.

Vers 1025 avant notre ère, un événement tout à fait considérable bouleversa ce fonctionnement.

La Bible raconte :

« Tous les anciens d'Israël s'assemblèrent et vinrent auprès de Samuel à Rama. Ils lui dirent : Voici, tu es vieux, et tes fils ne marchent point sur tes traces ; maintenant, établis sur nous un roi pour nous juger comme il y en a chez toutes les nations. Samuel vit avec déplaisir qu'ils disaient : donne-nous un roi pour nous juger. Et Samuel pria le Seigneur. Et le Seigneur dit à Samuel : Écoute la voix du peuple dans tout ce qu'il te dira... Mais donne-leur des avertissements et fais-leur connaître les droits du roi qui régnera sur eux. »

Alors Samuel s'adressa au peuple comme Dieu le lui avait demandé. Écoutez bien ce discours.

« Le roi prendra vos fils pour les affecter à ses chars et à sa cavalerie, et ils courront devant lui. Il les prendra, prévient Samuel, pour labourer son labour, pour moissonner sa moisson, pour fabriquer ses armes et ses harnais. Il prendra vos filles comme parfumeuses, cuisinières et boulangères. Il prendra vos champs, vos vignes et vos oliviers les meilleurs. Il les prendra et les donnera à ses serviteurs. Il lèvera la dîme sur vos grains... Il prendra... les meilleurs de vos jeunes gens pour les mettre à son service... Vous-mêmes, enfin, vous deviendrez ses esclaves... »

Voilà qui me semble demeurer d'une étonnante actualité !

Samuel, en décrivant la justice profane d'un roi – mais l'on pourrait tout aussi bien songer à celle d'un État ou d'un despotisme ordinaire –, l'oppose, en écho, à la justice biblique. Et que dit-il ? Que la justice n'est pas, en soi, l'expression d'une volonté morale si elle n'est pas fondée sur une éthique, c'est-à-dire la volonté de vouloir le bien de l'homme. Fausse pratique de la Loi, elle peut devenir le plus sournois et le plus efficace outil d'asservissement.

Pourtant, le peuple, nous dit ce texte surprenant, « refusa d'écouter la voix de Samuel ».

Bien sûr, le vieux juge voudrait encore s'y opposer. Il en a les moyens. Mais le Seigneur, curieusement, lui conseille de s'abstenir : « Écoute leurs voix », lui répète-t-Il.

Nous assistons alors à l'une des plus belles démonstrations de liberté et de démocratie biblique. Samuel s'exécute. Le cœur lourd, et certainement la mort dans l'âme. Pourtant, il a fait ce qu'il a pu. Il a accompli son devoir : il a désigné le risque du mal et la possibilité du bien. En informant le peuple des conséquences de son choix, il l'a rendu responsable. Après quoi, il ne peut qu'écouter sa voix et se plier à la décision de la majorité...

Nous devons nous rappeler que tout cela se déroule plus de mille ans avant notre ère. À la même époque, à travers le monde, les peuples ne connaissent de régime qu'autoritaire. Partout, les notions de bien et de mal ne sont que les versatiles expressions des pouvoirs en place. La loi est celle du plus fort et le plus souvent exercée au nom de dieux multiples.

Aussi Samuel, qui craint pour l'avenir, montre une dernière fois sa sagesse. Il donne aux Hébreux ce roi qu'ils réclament – son nom sera Saül. Mais il établit ce qu'aujourd'hui nous appellerions un contre-pouvoir : le peuple disposera de porte-parole : les prophètes. Et ces prophètes auront le droit d'interpeller les rois et de leur adresser, pour le bien du peuple, des remontrances.

L'histoire montre que tant que les rois acceptèrent d'être interpellés par les prophètes, tant que les prêtres restèrent cantonnés dans le domaine du spirituel, l'État hébreu s'épanouit. Dès que l'un empiétait sur les prérogatives de l'autre, le déséquilibre menait au désastre. Le royaume d'Israël ne fut jamais aussi étendu et aussi prospère qu'à l'époque du roi David qui se laissait sermonner publiquement par le prophète Nathan et qui s'excusait, toujours publiquement, pour les injustices qu'il avait pu commettre. En revanche, la persécution du prophète Jérémie par Sédécias précéda de peu la destruction de Jérusalem et le premier exil, celui de Babylonie, en 587 avant notre ère...

L'institution des prophètes, si sages et si vénérables, prendra fin par la volonté d'un personnage hors du commun, Ezra. Cet événement va être l'occasion d'une nouvelle et essentielle évolution de la pensée juive. Voilà pourquoi Ezra sera la troisième de mes figures tutélaires du judaïsme.

C'est aussi celui à qui, personnellement, je suis le plus redevable de vous écrire en ce moment même...

EZRA

Je suis certain, mes chers filleuls, que vous avez déjà entendu ces moqueries sur les Juifs qui aiment répondre à une question par d'autres questions, dans un jeu qui semble infini. À moins qu'ils ne déroulent un interminable discours qui nous fait remonter à la Genèse et ne paraît, au premier abord, pas plus répondre à la question posée !...

C'est que, selon le judaïsme, toute la sagesse a déjà été donnée aux hommes, dès l'origine, et qu'ils devraient donc trouver d'eux-mêmes les réponses aux questions qu'ils posent. Toutefois, si nous avons oublié cette antique sagesse – et nous l'avons certainement oubliée ! – une bonne question peut nous la rappeler. À moins que nous ne fassions défiler la mémoire de l'Histoire en son entier afin d'y retrouver le fil rompu du savoir ?

Autrement dit, le judaïsme considère comme essentielle la *transmission* du savoir et de la sagesse enseignée à l'homme au temps biblique. De génération en génération, cette tâche d'enseignement participe à la fois à l'identité juive et, par le fait qu'elle revivifie l'enseignement premier de la sagesse et du bien, elle devient instrument de lutte contre le mal.

C'est cette importance du savoir et de la transmission qu'Ezra comprit le premier et dans des circonstances dramatiques...

Mais qui était cet Ezra – que les Grecs évoquent sous le nom d'Esdras – qui m'est si cher ? Qui était cet homme dont le Talmud dit qu'il « aurait mérité de recevoir la Loi si Moïse ne l'avait précédé » ?

Appliquons justement la tradition judaïque : faisons à nouveau un peu d'histoire et remontons, si vous le voulez bien, à l'an 597 avant notre ère...

Près de mille ans se sont écoulés depuis la mort de Moïse et plus de quatre siècles depuis que le roi David a fait de Jérusalem la capitale de son royaume. La Judée est désormais enserrée entre deux grandes puissances : l'Égypte, au sud, et Babylone au nord. L'une comme l'autre cherchent la prééminence politique et économique sur la région.

Une erreur diplomatique va provoquer *la* catastrophe. À Jérusalem, contrairement à l'avis du prophète Jérémie, le roi Sédécias adopte une position pro-égyptienne. Nabuchodonosor, le souverain babylonien, entreprend alors le siège de la ville. Inévitablement Jérusalem est investie et cède. Pis encore : le temple construit par Salomon, devenu entre-temps le symbole de l'indépendance juive, est rasé. Pour s'assurer une occupation paisible de la Judée et de la ville, Nabuchodonosor déplace de force à Babylone une grande partie de la population juive. C'est le premier exil.

Le livre des Chroniques raconte que, par une ironie du sort, les exilés furent installés au nord de Babylone, dans cette région entre le Tigre et l'Euphrate d'où, seize siècles plus tôt, la tribu d'Abraham commença son long périple vers le sud, en direction de Canaan.

Tout à la fois bâtisseurs et main-d'œuvre corvéables à merci, un grand nombre des Juifs exilés furent affectés aux énormes chantiers de Babylone. Si notre intérêt pour les pyramides égyptiennes, érigées notamment grâce au travail des esclaves juifs, ne faiblit pas, nous avons oublié la splendeur des édifices de Babylone, édifiés avec la sueur et la dextérité des exilés juifs. Pour se convaincre de la qualité de leur travail, il suffit cependant de voir, au musée Pergamon à Berlin, la porte d'Ishtar haute de quarante mètres et que Nabuchodonosor fit dresser devant le temple du même nom.

À cette époque, les Juifs possédaient déjà une riche histoire. Ils avaient été nomades et sédentaires, puis esclaves et rebelles avant d'enfin former un peuple libre et indépendant, possédant ses terres, ses institutions, ses règles et ses lois. Après une si longue évolution, l'exil et surtout la dispersion créèrent une situation toute nouvelle.

Face à la menace mortelle de dissolution que contenait cet éclatement, la première urgence fut de préserver ce qui identifie le peuple juif : la connaissance, la transmission et le respect de la Loi. C'est ici que naquirent les bases du judaïsme de la diaspora : l'insertion dans l'économie et dans la culture ambiante en même temps que l'organisation d'une vie communautaire et l'entretien d'un rêve du retour qu'illustre le fameux psaume : « Assis au bord des fleuves de Babylone, nous pleurons en pensant à Jérusalem / Si je t'oublie, ô Jérusalem, que ma droite se dessèche... »

L'esclavage crée le désir de libération ; l'exil, lui, fait naître le rêve de la délivrance. Au sein de la communauté juive de Babylonie naît alors l'idée d'un sauveur de l'humanité : le Messie. Cette idée sera reprise six siècles plus tard par les chrétiens. C'est en Babylonie encore, toujours au sein de la communauté juive, qu'apparut pour la première fois le mythe de l'ange Gabriel, repris au VIIe siècle de notre ère par l'islam...

Pendant un peu plus d'une génération, les Juifs de Babylone supportèrent l'exil, entre l'espérance du retour et l'observance fidèle de la Loi qui maintenait et leur force et leur cohésion.

En 539 avant notre ère, une nouvelle puissance émergea en Orient, la Perse. Son roi, Cyrus, conquit Babylone, Sumer et Akkad. La Judée, à son tour, se retrouva bientôt parmi ses possessions. Mais Cyrus ne partageait nullement les griefs historiques des Babyloniens envers les Juifs. Il affichait au contraire de la bienveillance pour « le peuple de la Loi de Moïse ». Répondant à la demande des exilés, il promulgua rapidement un décret autorisant les Juifs de Babylone à retourner en Judée : « Ainsi parle Cyrus, roi de Perse : Tous les royaumes de la terre, le Seigneur, le Dieu des cieux, me les a donnés et il m'a chargé lui-même de lui bâtir une maison à Jérusalem, qui est en Judée. Parmi vous, qui appartenez à tout son peuple, que son Dieu soit avec lui et qu'il monte à Jérusalem, en Judée, bâtir la maison du Seigneur, le Dieu d'Israël – c'est le dieu qui est à Jérusalem!... ».

Mais, comme souvent face aux désirs que l'on croit ne jamais pouvoir exaucer, les Juifs de Babylone ne se précipitèrent pas sur le chemin de Jérusalem. Plus d'un demi-siècle d'exil, l'intégration économique puis sociale grâce aux droits civils accordés par les Perses avaient grandement émoussé le désir de départ. De surcroît, colportées par des voyageurs, les nouvelles sur l'état de décrépitude de Jérusalem, abandonnée depuis si longtemps et qui semblait même s'être écartée de la Loi, commençaient à circuler en Babylonie.

Le temps passait sans que le retour, tant désiré quelques décennies plus tôt, s'accomplisse véritablement. S'opposant à cette dangereuse mollesse surgit alors une sorte de mouvement sioniste qui tenta de secouer les indécis et de les entraîner, aussi nombreux que possible, sur le chemin de leur antique patrie.

Ce n'est qu'un an après la promulgation du décret de Cyrus que quarante-neuf mille personnes environ, soit moins de dix pour cent de la population juive de Babylonie, se mettent enfin en route pour Jérusalem. À leur tête, deux hommes, choisis en fonction de leur naissance, représentaient la légitimité de ce mouvement de retour, selon les Perses. L'un était Zorobabel, petit-fils d'un roi de Judée, l'autre Josué, petit-fils d'un grand prêtre de Jérusalem.

À son arrivée, ce groupe restreint entreprend la difficile reconstruction de la ville et de son Temple... Les obstacles s'accumulent par manque de moyens et surtout d'enthousiasme. De toute évidence, les Juifs demeurés à Jérusalem durant l'exil ont suffisamment pris de distance avec la foi et la pratique de la Loi pour que le petit nombre de rapatriés peine à raviver la ferveur ancienne.

De plus, la religion et la royauté n'ont jamais fait bon ménage en Judée. D'anciennes querelles entre le sacerdoce et le pouvoir politique se raniment. La reconstruction du Temple s'éternise...

C'est alors qu'apparaît Ezra.

On sait peu de choses de sa vie, pas même le lieu de sa naissance. En revanche, nous savons qu'il était fonctionnaire de l'administration perse en Mésopotamie.

À la suite de bien des tractations, Ezra reçoit une tâche d'importance ainsi décrite dans un ordre royal, un *firman* : « Artaxerxès, le roi des rois, à Ezra, prêtre et scribe, familiarisé avec la loi du peuple juif. Paix d'abord ! J'ai donné l'ordre que tous ceux du peuple d'Israël, prêtres et lévites, qui voudraient aller à Jérusalem de leur propre gré t'accompagnent. Tu es envoyé par le roi et ses sept conseillers pour étudier la situation en Judée et à Jérusalem. Ton appréciation sera guidée par la loi de ton Dieu. Tu as le texte de cette loi entre tes mains... »

À l'occasion, nous apprenons que le texte complet de la loi de Moïse, que l'on a cru disparu depuis des siècles, avait jusque-là été préservé par les exilés. Désormais, il était entre les mains de l'homme chargé par le monarque perse de restaurer Jérusalem...

Nous sommes alors en 458 avant notre ère, soit déjà deux générations après le premier retour des Juifs babyloniens, dont beaucoup d'ailleurs ne sont pas restés à Jérusalem.

Ce qu'Ezra découvre en arrivant en Judée le plonge dans le désespoir. La « déculturation » de la population égale la décrépitude des lieux. Passé un moment de colère, il tente au plus vite d'en tirer la leçon. Là, Ezra semble inspiré par le génie.

Il comprend que, si le peuple juif a survécu à l'exil et à la perte du Temple sans pour autant perdre son identité et la force de sa foi, c'est que le Temple, si prestigieux fût-il, ne peut, à lui seul, assurer la survie du judaïsme et la pérennité de la Loi. Les Juifs de Babylonie ont été sauvés par leur constante relation avec les textes. Ce qui a perdu les Juifs de Jérusalem, c'est exactement l'inverse...

Aussitôt, il prend deux décisions. Le nouveau Temple sera beaucoup plus modeste que le précédent et la monarchie ne sera pas rétablie. Une *Knesset hagedola* – une « Grande Assemblée » des sages, qui précédera de deux siècles le *Sanhédrin* – remplacera le pouvoir personnel. Et surtout, pour parachever l'armature de ce nouvel État, Ezra introduit le seul ciment capable d'en étayer les structures : l'étude de la Loi.

C'est, mes chers filleuls, la première transformation culturelle de l'Histoire. Pour la réaliser et la réussir sans violence, Ezra conserve le culte dans l'espace du Temple. Mais il le double d'un second rituel qui, lui, peut intervenir à chaque instant et n'importe où : la lecture publique et obligatoire, pour chaque communauté, du livre de Moïse.

Cette mesure, si simple en apparence, bouleverse l'histoire des Juifs et les projette dans un avenir qui demeure aujourd'hui encore le nôtre. Le culte sacrificiel, écho lointain des pratiques idolâtres, s'efface définitivement devant la connaissance et le respect des textes, qui transforment tout un peuple en lecteurs et lettrés. Les prêtres cessent d'être les gardiens exclusifs de la Loi. Les Juifs, tous ensemble, deviennent le peuple du Livre.

Cohérent avec sa volonté d'enseignement et de transmission, Ezra bientôt déclarera le prophétisme inutile. La décision peut surprendre. Pourquoi détruire cette institution où se sont épanouies la foi, l'intelligence et la sagesse de Jérémie, Isaïe ou Ézéchiel ? Mais Ezra est un homme de l'avenir. Il sait que la fonction de soutien du savoir et de défenseur du peuple des prophètes est appelée à disparaître dès lors que chacun peut devenir lui-même son propre prophète et le plein responsable de ses choix. Plus besoin de porte-parole. Plus besoin de déléguer ses plaintes. Chacun parlait en son nom propre. Le savoir se démocratisait, et cette démocratisation de la connaissance avait l'avantage de couper court aux agissements de plus en plus répandus des faux prophètes...

Ces réformes d'Ezra m'apparaissent non seulement comme une étape capitale dans l'évolution du judaïsme, mais comme une seconde naissance de la Bible. Jamais jusqu'ici dans l'Histoire le Livre n'avait pris une telle importance. Cela engendra des récits plus beaux les uns que les autres. Selon la *gematria* – souvenez-vous : la science de la correspondance entre les mots hébreux et les nombres –, *sefer*, livre, correspond au nombre 340. Or, si vous examinez chacun des mots du dictionnaire hébraïque, vous n'en trouverez qu'un ayant cette valeur numérique : *chem*, nom.

Les exégètes en tirèrent aussitôt une leçon : derrière chaque livre se trouve un nom, une personne. En ce cas, détruire un livre équivaut à la destruction d'une vie humaine. C'est ainsi que les Juifs doivent conserver même les livres usés par le temps, défaits par l'humidité ou effrités par la sécheresse. Lorsqu'un ouvrage est réellement inutilisable, on l'enterre et on récite une prière comme on le ferait pour un être humain.

Cet amour des textes engendre l'amour du savoir, de la mémoire, de la pensée, et finalement de la liberté. L'Histoire, depuis, n'a cessé de nous le rappeler. Dès qu'un pouvoir s'attaque aux livres, c'est la liberté et l'essence de l'homme qu'il met en danger.

En 1938, après la Nuit de cristal à Berlin, au cours de laquelle les nazis brûlèrent des milliers de livres juifs ou « enjuivés », Sigmund Freud, le père de la psychanalyse, décide enfin de quitter Vienne et de se réfugier en Grande-Bretagne. Une foule de journalistes l'attend à la gare Victoria de Londres. À la question : « Les Allemands brûlent vos livres.

Que feront-ils par la suite ? » il répond : « Après les livres, ils brûleront des hommes. »

Une fois de plus, l'Histoire répétait sa dure leçon.

Bref, en ancrant les Juifs dans le livre, Ezra a posé la première pierre de ce que Freud appellera « l'édifice invisible du judaïsme ».

Fort de cette leçon, six siècles plus tard, Yohanan ben Zakkaï, le chef spirituel de la révolte des Juifs de Jérusalem contre Rome en l'an 70, sut sauver l'essentiel.

Alors que l'édifice de pierre et de bois du Temple s'effondrait sous les assauts des légions romaines, il quitta la ville. Il venait de négocier avec Titus, obtenant l'autorisation de créer à Yavné, un petit village de pêcheurs sur la côte méditerranéenne, une académie pour une centaine d'étudiants.

Le Romain ne comprit sans doute jamais les conséquences de sa décision. L'université imaginée par Yohanan ben Zakkaï allait avoir un fonctionnement particulier. Chaque étudiant, dès qu'il était devenu assez savant, prenait sous sa coupe cent autres étudiants, qui, leur tour venu, enseignaient à cent nouveaux, et ainsi de suite... Une fois encore, les Juifs, expulsés de leur patrie et éparpillés à travers l'empire, trouvèrent le moyen de préserver le judaïsme. Dans un monde hostile, où ils étaient mis à l'écart de la vie publique, la transmission du savoir et de la sagesse de la Loi devint pour eux une forme suprême de résistance et d'action.

« Les Perses, les Grecs, les Romains ont disparu de la terre », constate simplement Chateaubriand.

Et il s'étonne : « Et un petit peuple dont l'origine précéda celle de ces grands peuples existe encore... » En effet, pour toutes les cultures, la destruction d'un sanctuaire entraîne d'ordinaire leur disparition. Si le judaïsme connut un sort différent, c'est, selon Freud, que « l'édifice matériel pour les Juifs ne formait que le temple manifeste, cachant un temple latent, bien plus vaste et indestructible ». Chateaubriand parle, lui, de « miracle ». Mais, sans le savoir, il donne aussi une explication à ce miracle : « Pénétrez, écrit-il, dans la demeure de ce peuple, vous le trouverez dans une affreuse misère, faisant lire un livre mystérieux à des enfants qui, à leur tour, le feront lire à leurs enfants. Ce qu'il faisait il y a cinq mille ans, ce peuple le fait encore. » Et Freud de conclure : « Désormais ce furent les livres sacrés et leur étude qui empêchèrent ce peuple dispersé de se désagréger. »

Et moi, mes chers filleuls, qui suis fils, petit-fils et descendant de générations et de générations d'imprimeurs, comment ne serais-je pas fasciné par une telle ferveur pour ce qui est écrit, imprimé, transmis et lu depuis l'origine des temps ?

L'ÉTUDE

Ainsi donc, mes chers filleuls, Ezra a fait des Juifs le peuple du Livre. Les exils se répétant de plus en plus loin de la terre d'Israël, faute de champs à piocher ils entreprirent de cultiver le langage. Chaque mot devint un grain à semer, chaque texte un jardin à labourer.

Néanmoins, aujourd'hui encore et par simple ignorance de l'Histoire, la plupart de mes amis s'étonnent de l'attachement des Juifs au verbe et à son étrange pouvoir, ainsi que de leur passion pour sa transmission. En vérité, si Ezra institua l'étude, cette relation privilégiée aux mots et aux textes remonte encore plus haut dans le temps. « Je ne demande pas de vous sacrifices et offrandes, dit le prophète Osée en 780 avant notre ère, mais : Prenez avec vous des mots et revenez à l'Éternel. »

Pendant des millénaires, selon la tradition, seul le texte de Moïse composé sous le regard – certains disent sous la dictée – de l'Éternel avait droit à être un livre. Aussi, parallèlement à la transcription scrupuleuse de la Torah par les scribes, se développait une tradition non écrite. De père en fils, les Juifs transmirent oralement de nouvelles règles et leurs commentaires, qu'ils apprirent par cœur.

Les choses changèrent en 135 de notre ère, avec l'échec de l'ultime révolte juive contre Rome et ses dieux. L'empereur Hadrien ne pardonna pas à ce peuple rebelle de l'avoir entraîné dans une guerre. Pour le punir radicalement, il décida d'effacer de la carte jusqu'à son nom : Jérusalem devint Aelia Capitolina et la Judée fut rebaptisée Palestine.

Face à cette fureur, les sages d'Israël craignirent que ne s'effacent ces richesses faites de mots, de réflexions et de règles dont ils étaient les garants. Ils décidèrent alors de les transcrire d'urgence et de les préserver dans un livre. Deux cent soixante docteurs de la Loi, au sein des académies de Tibériade et de Safed, se lancèrent dans un travail acharné dont le résultat sera la *Michnah*, la « répétition ».

À son tour, la Michnah fera l'objet de quantité de commentaires et réflexions de lecture dans les siècles suivants. Un nouvel ouvrage en résultera : la *Guemara,* c'est-à-dire le « complément ». Enfin, en 425 de notre ère, la réunion de ces deux livres formera le Talmud.

Ce mot « Talmud », que vous avez sans doute entendu prononcer de nombreuses fois, signifie tout simplement « l'enseignement », « l'étude ».

Toutefois, le sentiment d'urgence qui s'était emparé des sages de Jérusalem du temps d'Hadrien avait été ressenti bien au-delà de la Judée ; il toucha l'ensemble de la diaspora. Les académies de Babylonie, où la communauté juive née du premier exil s'était entre-temps développée et épanouie, se mirent à l'ouvrage. Trois siècles après celui de Jérusalem, un second Talmud, dit « de Babylone », vit ainsi le jour. Au bout du compte, c'est un prodigieux monument spirituel, intellectuel, historique et littéraire de plus de six mille pages qui se répandit à travers toutes les communautés juives de la planète...

Dix siècles après la transformation du judaïsme oral voulue par Ezra, l'expression de la nouvelle identité juive s'accomplissait par le plus étrange édifice écrit que l'homme ait produit.

Bien évidemment, la rédaction du Talmud n'allait pas consommer à jamais la soif de savoir, de compréhension et d'interrogation de l'homme, de son rapport à Dieu et au monde qui désormais définissait la culture juive. Deux autres séries d'ouvrages prirent leur place : le *Midrach*, le « commentaire », et la *Kabbale*, la « tradition », que l'on pourrait qualifier de visage intérieur et mystique du judaïsme...

Mélange de règles, de prescriptions obligatoires et de récits légendaires et allégoriques, le Talmud se présente moins comme un code de lois pour des décisions pratiques et quotidiennes que comme un compte rendu encyclopédique de discussions, souvent contradictoires, portant sur les thèmes les plus divers : astronomie, anatomie, psychologie, médecine... Voilà pourquoi, à l'époque de Rabelais, il faisait partie intégrante de l'enseignement de la médecine à l'université de Montpellier. Et pourquoi, d'ailleurs, le père de *Gargantua* et de *Pantagruel* connaissait si bien l'hébreu...

Parole de Dieu non gravée par Moïse, le Talmud constitue aujourd'hui encore le fondement normatif de toutes les décisions relatives à la pratique religieuse du judaïsme rabbinique. Les Juifs religieux observent donc inconditionnellement ses 613 prescriptions.

Pour les Juifs non religieux – et les non-Juifs, dont l'intérêt pour le Talmud ne se dément pas au cours des siècles –, c'est, en revanche, la démarche intellectuelle de ce livre hors norme qui fascine.

Le Midrach, en particulier, joue sur une mécanique d'interprétation à la lettre des textes bibliques et des commentaires. Cette interprétation elle-même ne cesse d'en appeler d'autres, qui en appelleront de nouvelles, de manière toujours plus ouverte, dans un foisonnement vivant et inextinguible. Comme le souligne rabbi Nehemia, dans le Talmud : « Si les paroles de la Torah semblent pauvres à tel endroit, elles sont riches ailleurs. » C'est cette exploration constamment relancée de la lettre du texte que Freud appellera « l'esprit juif ».

Traduit tardivement et partiellement, le Talmud représenta pour beaucoup, à travers les siècles, ce « mystère maléfique juif ». Incompréhensibles, cette soif de savoir, cette permanente étude du monde créé par le verbe faisaient peur. Une peur bien évidemment entretenue et utilisée par des pouvoirs aussi bien politiques que religieux, selon leurs nécessités xénophobes. Peu de livres, en vérité, ont été aussi persécutés et si souvent brûlés.

Malgré cela, le Talmud a survécu et continue à s'enrichir des apports des commentaires contemporains. On peut en rendre grâce à la mémoire de quelques héroïques personnages, tel l'un des premiers imprimeurs non juifs de Venise, David Bromberg, qui, en 1520, l'édita à des centaines d'exemplaires et permit sa diffusion en Europe. Mais, surtout, cette résistance à toutes les volontés d'anéantissement témoigne de l'abnégation des Juifs ordinaires qui y trouvèrent un ancrage vital dans le langage et en firent, à ma connaissance, le seul livre à jamais sans fin.

Le Traité des pères dit : « Moïse a reçu la Loi sur le Sinaï et l'a transmise à Josué. Et Josué aux Anciens. Et les Anciens aux prophètes. Et les prophètes l'ont transmise aux gens de la Grande Assemblée. Ceux-ci ont dit trois choses : “ Soyez prudents dans vos jugements, formez de nombreux disciples, et faites une haie autour de la Loi. ” »

Le génie d'Ezra, mes chers filleuls, comme de ceux qui ont poursuivi sa voie, a été de comprendre qu'il ne suffit pas de rassembler la sagesse humaine dans des livres. Bien sûr qu'il faut étudier, mais dans le même temps, et avec autant d'opiniâtreté, il faut *transmettre*.

Or, pour transmettre, il faut en permanence conserver une relation au savoir. C'est l'assiduité de l'étude qui devient en soi un moyen de transmission. « Un homme, dit le Talmud, doit toujours étudier, même s'il oublie ce qu'il lit, même s'il ne comprend pas... » Autrement dit : celui qui transmet apprend, celui qui apprend transmet... L'un et l'autre sont indissociables, l'un et l'autre forment le peuple du Livre, peuple des questions et de la mémoire, peuple de la Loi et des réponses... C'est dans la subtilité dialectique de l'étude qu'Ezra entrevit l'unique possibilité de reconstruire un lien social détruit par la séparation des individus. Plus encore, il en fit une forme supérieure de l'action politique capable d'unifier les tendances diverses du groupe communautaire. Pour ma part, je reste stupéfait et admiratif devant tant d'ingéniosité et de simplicité...

Aujourd'hui encore, l'unité du peuple juif, au sens le plus large, demeure maintenue et tissée en permanence par la présence des textes et la relation, si flottante soit-elle, que les hommes entretiennent avec eux.

Les Juifs religieux considèrent que la parole d'origine est celle de l'Éternel et que les textes gravés par Moïse le furent sous Sa dictée. Chercher à en saisir pleinement le sens – éventuellement multiple –, déchiffrer les non-dits et en entendre les silences constituent pour eux le plus sûr des chemins pour approcher Dieu.

Le Juif laïc, lui, a perdu la relation profonde au texte où se ressource constamment le Juif religieux. Mais il n'en a pas moins conservé des pratiques et des usages. Dans son comportement quotidien et affectif, il témoigne d'un art de la lecture, d'une attention au verbe, à l'écrit qui donnent à la pensée une tournure toute particulière que certains nomment spécifiquement juive – on peut songer à la représentation humoristique qu'en donne Woody Allen à travers ses films. Les blagues populaires s'amusent de cette curieuse exploration de la lettre du texte, de cette étrange recherche d'un prétexte à penser. Moi, elle me ravit.

Une réflexion se travaille comme une matière à la fois molle et réticente. Cela exige un effort permanent, un dialogue avec autrui. « Fais-toi un maître, procure-toi un compagnon d'études... », dit encore le Traité des pères. Nous bâtissons notre vie pensante avec nos semblables. Que toute réflexion, que toute pensée se formulent et s'animent par la pensée et la réflexion de l'autre est une belle nécessité. Cela nous oblige à nous intéresser à la communauté, à nous ouvrir sur le monde, à entendre la voix d'autrui.

Ne nous aveuglons pas, toutefois... Nous le savons bien, mes chers filleuls : la vie commune, le partage des idées, la cohabitation des cultures ne tracent pas toujours un chemin de roses... La vie des pensées menace bien souvent de se transformer en conflit, avec, au stade ultime, le rejet. C'est alors qu'il faut revenir à la source de cette pensée vivante, retrouver son but et sa fonction dans l'esprit de la Loi qui toujours tend à l'union... Autrement dit, dans l'esprit du judaïsme, l'étude des textes et le développement de la pensée sont les indispensables tuteurs de l'homme et le libre enrichissement de son identité. Mais études et pensées ne sont fécondes que lorsqu'elles tendent à davantage d'union, de communauté, d'humanité...

Cette circulation en boucle, mais qui pourtant jamais ne revient au même point et toujours évolue

– par de nouvelles pensées, de nouvelles rencontres, de nouvelles expériences de sagesses –, me paraît tout à fait excitante...

Autre image fréquente : celle de l'érudit juif perdu dans la poussière de ses lectures et de sa science, égaré dans un monde de mots et qui s'exclut de nos réalités. C'est s'abuser d'une apparence et mal comprendre ce qui, pour un Juif, anime en profondeur la lecture – on pourrait dire l'apprentissage – des textes, fussent-ils les plus anciens. La relation entretenue avec les textes, les réflexions, les sagesses, les expériences dont ils témoignent ne sauraient relever d'une pure volonté de savoir ou d'un amalgame théorique sans objet ni fin. Dans l'esprit du judaïsme, la lecture est un exercice pratique de compréhension de notre monde. Le monde passé, mais aussi, surtout, le monde présent, avec ses nœuds de violences opaques, ses épreuves constantes. En permanence la lecture doit rechercher le lien du texte avec la vie. Permettez-moi, mes chers filleuls, de prendre un exemple.

Une phrase de rabbi Énoch dit : « L'exil véritable d'Israël en Égypte, c'est d'avoir appris à le supporter. » Que signifie cette affirmation ? Que les exilés se sont soumis, qu'ils ont accepté le joug placé sur leurs épaules et qu'ainsi, en ne défendant pas la liberté que leur a confiée Dieu, ils ont fauté. Il est, bien sûr, nécessaire de se libérer de l'esclavage. Mais pas seulement parce que l'esclavage est une douleur pour l'homme ; il faut s'en défaire aussi parce qu'il est contraire à la Loi : il est une manifestation du mal. Apprendre à le supporter, c'est accepter de prendre le mal *en soi*... Au risque de le reproduire à son tour.

Autrement dit, il ne suffit pas de rompre la chaîne qui enserre la cheville et de se sauver, même loin, même dans le désert. Seule la conscience du mal transmis – telle une infection – par l'esclavage est la garantie que l'esclave se libère de la puissance du mal. Qu'il devient homme libre de *tout* esclavage.

On peut recourir à la phrase de rabbi Énoch pour comprendre ce qui s'est récemment passé en Iran. Après la longue dictature monarchique, l'imam Khomeyni mène le peuple iranien sur le chemin de la révolte et le libère du shah. Pourtant, aussitôt, nous voyons ce peuple libéré s'installer avec une énergie stupéfiante dans un nouvel esclavage pour le moins aussi dur et inhumain que le précédent.

Que s'est-il passé ?

De toute évidence, pour le peuple iranien, la libération ne fut pas précédée de la conscience de l'esclavage. Conscience qui nous permet de comprendre non seulement les causes de l'esclavage lui-même mais les raisons de son *acceptation*. Et donc de ne pas le reproduire sans fin, en changeant seulement la main qui soumet...

Transmettre le texte initial et l'interpréter, voilà le travail du commentateur. Cultiver la mémoire et la nourrir des faits de la vie, des plus extraordinaires aux plus élémentaires, telle fut et reste la tâche fondamentale d'un peuple qui, le premier, a compris que l'homme était projeté dans l'Histoire.

Quoi de plus noble que d'essayer de mieux comprendre le texte, puis les textes sur le texte, de les sonder, de les décrypter, de les commenter ? Ce double mouvement, vers les profondeurs et vers la lumière de la vie, présente singularise et identifie le lecteur juif. Depuis le texte premier, il ne cesse d'enrichir nos bibliothèques d'œuvres magnifiques qui, jusque dans notre évolution actuelle, vivifient la pensée juive comme celle de toute l'humanité.

Quand Joseph Hacohen, un médecin juif d'Avignon, achève en 1575 la rédaction de *La Vallée des Pleurs*, une chronique des souffrances d'Israël depuis la dispersion jusqu'au XVIe siècle, un autre témoin, celui-là anonyme, prend la plume pour poursuivre son œuvre. En guise d'introduction, il écrit cette phrase bouleversante : « J'ai résolu de consigner dans ce livre tout ce qui est arrivé aux Juifs depuis que cet autre Joseph a terminé sa chronique jusqu'à ce jour pour accomplir le précepte : " afin que tu racontes aux oreilles de ton fils et de ton petit-fils ". »

Toujours le même souci : transmettre, communiquer, partager et, enfin, apprendre !

Heinrich Heine, le poète judéo-allemand, a appelé cela : « La peste [que] le judaïsme a ramenée de la vallée du Nil ». Je l'appellerai, pour ma part, simplement « la pensée subversive ».

À peine libéré de l'esclavage, le Juif introduit par ses textes l'idée de libération universelle. Or il ne peut lutter pour cette libération qu'en tant que Juif. S'il perd sa mémoire, il perd son désir de libération. S'il perd son désir de libération, il cesse d'être juif.

On comprend dès lors beaucoup mieux pourquoi les Juifs représentent un danger pour les systèmes totalitaires et pourquoi ceux-ci sont tous, sans exception, amenés à les persécuter, à tenter de les anéantir...

C'est pourquoi, mes chers filleuls, je voudrais maintenant vous parler du sens de la mémoire, si fort, si indispensable, au judaïsme.

Pour que la transmission soit assurée, le livre survit grâce à la mémoire, même quand il est interdit, même quand il est brûlé. Et c'est alors, comme dans le roman de Ray Bradbury, *Fahrenheit 451*, que tout Juif devient un livre...

LA MÉMOIRE

Mes chers filleuls, avez-vous déjà imaginé ce que serait votre vie si vous n'étiez pas doués de mémoire ? Aucun souvenir de vos propres temps anciens, ne fussent-ils éloignés que de quelques années. Aucun souvenir des émotions qui vous ont fait comprendre le monde et y entrer. Le vide à la place de l'expérience... Vous constateriez ce vide en vous-mêmes et dehors, sous vos yeux, s'agiterait un monde constamment actif mais sur lequel vous n'auriez aucune prise car vous ne le comprendriez pas... Si nous poussions cette terrible expérience imaginaire jusqu'à son ultime logique, sans mémoire vous n'auriez pas de langage. Tout ne serait qu'effacement...

Le Talmud nous offre une image que je trouve très belle. Il dit que l'enfant dans le ventre de sa mère ressemble à « un livre plié et mis de côté »... Il dit aussi : « L'être humain ne passe par aucun jour plus heureux que ceux-là. Il est initié à la Torah tout entière. Mais, lorsqu'il entre dans le monde, un ange arrive qui le frappe sur la bouche et lui fait tout oublier. »

Ainsi, pour le Talmud, l'homme est une incarnation du verbe. Mais, pour que ce verbe puisse retrouver sa puissance dans le monde, il faut que l'homme ne perde pas, ou retrouve, sa mémoire. À chaque naissance, à chaque génération, chaque pas en avant de l'Histoire, l'ange tente de nous faire oublier le verbe de l'origine, cette mémoire fondatrice. Par bonheur, il n'y est pas encore parvenu. Entre nous, mes chers filleuls, pour peu qu'on demeure attentif, je crois bien qu'il n'y parviendra jamais...

Il en va des peuples comme des individus. Sans mémoire, ils ne sont qu'une coquille vide. Un agglomérat d'hommes et de femmes que le flux du monde emporte et engloutit.

L'étude constamment entretenue, nous venons de le voir, a sauvé le peuple juif de l'oubli de ses origines et de la dissolution de son identité. Mais elle a bien sûr construit, développé et nourri des siècles et des siècles de mémoire. Puis le temps passant, et surtout les épreuves atteignant jusqu'à l'incommensurable, la mémoire est devenue une force en soi. Elle est devenue une capacité morale permettant aux Juifs d'affronter le présent et l'avenir : c'est elle, en dernier recours, qui toujours les sauve de l'anéantissement absolu.

Et c'est de cette mémoire-là que je voudrais vous parler...

Quand, en 1950, je suis arrivé en France, on désignait les Juifs comme « Israélites ». Chaque fois que, répondant à la curiosité de mes amis, je me disais *Juif*, je provoquais de longs silences embarrassés.

J'étais arrivé à un mauvais moment. La Seconde Guerre mondiale venait de produire, dans une indifférence plus ou moins grande, la plus invraisemblable tentative de génocide. Il n'est pas certain que la société française, comme les autres nations occidentales dans ces années-là, ait pris alors, sinon dans quelques cercles restreints, l'exacte mesure de la monstruosité accomplie. En tout état de cause, d'une manière générale, elle ne souhaitait certainement pas faire œuvre de mémoire. Les Français, épuisés et déchirés par quatre années d'occupation et de combats, aspiraient à la paix et voulaient oublier...

Dans cette ambiance plutôt euphorique d'après-guerre, ma mémoire tragique irritait. Mais je n'y pouvais rien. J'avais tout perdu et j'éprouvais, comme dit Kafka, « un violent désir d'ancêtres ». Pour certains, ce désir-là m'égarait. Ceux-là croyaient encore, avec Nietzsche, que la mémoire « nuit au vivant et qu'elle finit par le détruire, qu'il s'agisse d'un homme, d'une nation ou d'une civilisation ».

Cependant, comme tout désir, ce désir de mémoire, ce désir de l'histoire, de *mon* histoire, n'était pas le fruit d'une pensée ou d'une réflexion élaborées. Il était instinctif, vital, tout autant que le boire et le manger. Et il appartenait peut-être à ce verbe que l'ange n'avait pu ôter de ma bouche lorsque j'étais entré dans le monde...

On dit que, à l'automne 1913, le philosophe Franz Rosenzweig, sur le point de se convertir au christianisme, récupéra – hors de tout recours à la raison – son héritage spirituel grâce à une expérience décisive qu'il fit dans une synagogue orthodoxe à Berlin, le jour de Kippour. Sa volonté de conversion était fortement mûrie et charpentée par une solide réflexion. Il lui semblait que l'ancienne alliance nouée entre l'Éternel et les hommes par l'intermédiaire de Moïse était désormais caduque, qu'elle n'avait plus de validité et d'efficacité dans le temps présent, et il voulait se tourner vers la Nouvelle Alliance symbolisée par le Christ.

Pour bien marquer ce passage, il décida qu'il se ferait baptiser le jour même de Noël. Cependant, quelque temps plus tôt, passant devant une synagogue, il y entra avec le désir soudain d'y faire ses adieux aux siens et au monde du verbe qui l'avait jusqu'alors porté. Une fois à l'intérieur de la synagogue, ce fut, d'un coup, comme si la mémoire lui revenait. Non pas la mémoire savante, mais la mémoire de la vie des choses sues. La chair du verbe, le souffle fécond des expériences, la force prolifique de la pensée juive qui avaient formé les fondements de sa pensée et qui pouvaient encore la déployer, tout cela l'assaillit. Rosenzweig éprouva en lui-même la vitalité de cette alliance qu'il croyait en cendres... et il annula sa conversion.

Qui nous dira pourquoi il entra, ce jour-là, dans cette synagogue, s'il n'était mû par cette mémoire collective qui est à la fois ressort de fidélité et enseignement permanent ?

Survivant d'une civilisation perdue qui refuse l'indifférence au mal et sa banalisation, engagé dans une époque oublieuse et fascinée par son présent, disposant enfin d'une langue et du droit de l'utiliser, j'ai tenté, pendant des années et comme je l'ai pu, de me battre avec d'autres pour tous les damnés de la terre et même contre « cette damnation que les damnés eux-mêmes sont parfois prêts à oublier ». Mon histoire personnelle n'a pas grand intérêt ici, si ce n'est pour tenter d'illustrer l'évolution du mot « mémoire ». Tant il est vrai qu'on n'a jamais autant prononcé ce mot qu'aujourd'hui, dans les conversations privées, les débats et les articles comme dans les discours politiques.

J'en viens parfois à me demander si les 168 injonctions de la Bible au souvenir ont été bien comprises. Quand je répète « Souviens-toi », c'est pour rappeler que le mal existe, qu'il est nommé dans les textes sacrés et qu'il peut se manifester à tout moment et sous toutes les formes. Dans la Bible, le mal qui nous menace est représenté par un peuple destructeur : Amalek. Peuple multiforme, Amalek peut demain prendre le visage de notre voisin. En ce sens, se souvenir signifie être sur ses gardes. C'est une consigne de vigilance.

En revanche, quand je dis « mémoire », c'est bien à l'Histoire que je pense. Cette Histoire qui nous révèle le passé, lequel, à son tour, éclaire le présent. « Demande, nous dit Job, à la génération précédente et sois attentif à l'expérience de ses pères puisque nous sommes d'hier et ne savons pas... » Se référer à la mémoire, c'est penser l'Histoire. Toute l'Histoire, avec le bien et le mal comme sources d'enseignement et références.

Pour les Juifs, la bonne lecture de l'Histoire débouche sur l'universel, puisque l'Histoire est peuplée d'hommes qui se ressemblent et d'événements qui nous mettent constamment en garde.

Souvenez-vous : sur l'ordre du roi Nabuchodonosor, le premier Temple de Jérusalem fut détruit. C'était en 586 avant notre ère, le neuvième jour du mois d'Av. Six siècles plus tard, en 70, Titus, général romain, détruisit le second Temple. Il le fit, à nouveau, le neuvième jour du mois d'Av... Et il en fut ainsi de toutes les catastrophes ultérieures : l'expulsion des Juifs d'Espagne en 1492, leur massacre par les Cosaques, en Europe centrale, en 1648, survinrent chaque fois le neuvième jour du mois d'Av... Par sa répétition, cette date fatidique constitue ainsi pour les Juifs un repère fixe dans le cours fuyant du temps.

La conviction que, si elle n'est pas éclairée par la Loi, l'Histoire n'a aucun sens, puisqu'elle ne peut servir d'enseignement, m'a accompagné pendant toute mon enfance. Aussi, ma mémoire, celle de mes parents, des parents de mes parents, de génération en génération, connaît-elle l'existence du mal qui possède l'homme et de cette Loi qui lui fut donnée dans le Livre pour l'en préserver. Est-ce un hasard si le mot « histoire », en grec *historia*, signifie récit, témoignage ?

Un conte hassidique raconte cela à sa manière, vivante et humoristique :

« Un païen interroge un Juif à propos de son fameux *Pardes*, le paradis. Comme il insiste, le Juif promet de l'y conduire. Aussi, il entre dans le rêve du païen pendant son sommeil et le guide à travers la ville jusqu'à un jardin. Il y a là des arbres, des fleurs, quelques pièces d'eau. Le païen se montre très surpris par la modestie des lieux et plus encore par l'absence de tout être humain.

– C'est tout ? demande-t-il.

– C'est tout, dit le Juif.

Soudain, ils découvrent un vieillard assis sur un banc, un livre volumineux sur les genoux.

– Qui est-ce ? demande le païen.

– Ah, répond le Juif, c'est l'un de nos grands sages, rabbi Akiba.

– Et qu'a-t-il fait pour mériter le paradis ?

– Il enseignait et il lisait. Il a lu presque tous les livres...

– Et que fait-il à présent ?

– Il lit.

– Ah ? Mais alors, où est donc la nouveauté ?

– C'est que maintenant il comprend ce qu'il lit. »

La morale de cette histoire est qu'il faut s'échapper du présent pour le comprendre. Se mettre à distance, dans cette perspective que nous donne l'Histoire, pour s'en rapprocher d'une autre manière, afin de saisir le sens de son origine et celui de son projet. Car nous sommes les fruits vivants du passé et du présent. Nous en sommes le lien. « L'incompréhension du présent naît fatalement de l'ignorance du passé », écrit l'historien Marc Bloch dans la lignée directe du Talmud. Et il ajoute : « Mais il n'est peut-être pas moins vain de s'épuiser à comprendre le passé si l'on ne sait rien du présent... »

La mémoire, on le sait bien, ne rappelle pas uniquement des drames. Cependant, depuis la guerre, dès qu'on évoque le mot mémoire, c'est à la Shoah que l'on pense. Et je le comprends. Car c'est la référence la plus forte de ce siècle.

Toutefois, mes chers filleuls, vous avez certainement remarqué que, parmi les raisons qui m'ont fait juif, je n'évoque pas la Shoah. Bien qu'elle fût le fond terrifiant de mon enfance, bien que la réalité n'ait pas eu d'autre horizon avant que j'atteigne l'âge d'homme.

N'allez pas pour autant croire que je pense, comme d'autres, que le silence a parfois plus de poids que les mots, tel Kafka qui pensait qu'on peut, ainsi qu'Ulysse, survivre au chant des sirènes mais pas à leur silence. Désormais, vous l'avez bien compris, j'appartiens à l'antique tradition de la parole de l'Histoire. Un homme qui peut témoigner d'une expérience d'homme, même si elle est dramatique – surtout si elle est dramatique –, doit la partager avec d'autres. Elle pourra ainsi servir d'enseignement à toute l'humanité. Et si cette tradition honore le poids du silence dont parle Kafka, elle célèbre avant tout celui du témoignage, le poids vital du « dit » dont l'absence provoque le cri effrayé de Schönberg dans son *Moïse* : « Mot, ô mot qui me manque ! »

Oui, la Shoah m'habite, elle crie par tous mes pores. Mais elle n'est ni la raison ni la source de mon judaïsme. Je l'ai dit dès la première page de ce livre : le judaïsme s'est imposé à moi de manière positive. Ce n'est pas par fidélité aux morts que je me dis juif. C'est par référence à cette mémoire que je partage avec eux.

La mort me révolte. Chez les Juifs, le séjour des morts, les abysses, le *schéol*, même l'Éternel ne peut le visiter. Nous devons combattre par tous les moyens ceux qui sèment la mort, entravant la Loi essentielle de la préservation de la vie.

Avec Hannah Arendt, on a souvent reproché aux Juifs leur passivité devant les nazis. Après la guerre, comme par souci de justification, les historiens juifs mirent presque exclusivement l'accent sur la révolte du ghetto de Varsovie. Ils donnèrent ainsi le sentiment pour le moins étrange que les soixante mille révoltés d'avril-mai 1943 avaient sauvé l'honneur lâchement perdu par les six millions de Juifs qui se seraient laissé mener à l'abattoir...

Dans un monde où depuis toujours la violence répond à la violence, où l'on chante les louanges de Bar-Kochba, Spartacus, Jeanne d'Arc, Garibaldi ou Kosciuszko, seule la révolte armée semble être comprise et appréciée. Ce faisant, on passe sous silence une forme de résistance que les Juifs ont développée à travers leur histoire. Pour être plus complexe et moins spectaculaire, commandée par leur éthique et imposée par les exils et les dispersions répétés, elle n'en fut pas moins efficace. Elle leur aura permis de survivre à toutes les persécutions et à tous les rejets. Cette résistance, Bernanos, antisémite admiratif, disait qu'elle consiste « à tenir et à durer ».

Lorsque, le 2 octobre 1940, le gouverneur nazi Ludwig Fischer décréta la création d'un ghetto à

Varsovie, les Juifs entreprirent immédiatement d'organiser un prodigieux réseau d'entraide médicale, sociale et culturelle. Il fallait, dès la première heure, rendre moins pénible la vie de ces cinq cent mille hommes, femmes et enfants entassés dans un quartier de la ville conçu pour quatre-vingt mille habitants.

Cette idée de ghetto n'était pas neuve : elle naquit en 1516 dans la cervelle d'un doge vénitien. Mais les nazis lui donnèrent une ampleur nouvelle. Dans ce périmètre coupé du monde, sorte de léproserie aux cloisons étanches, la maladie contagieuse consistait en la simple appartenance au peuple juif. Par son déni radical d'humanité, en 1940, le ghetto de Varsovie devint l'un des plus grands « cimetières de vivants », une fosse de décomposition pour un peuple condamné à disparaître.

Pourtant, les Juifs ne se découragèrent pas. Ils entrèrent dans ce que j'appelle la première phase de la résistance, celle de la parole. On put voir de petits groupes de langue allemande – dont faisait partie mon grand-père Abraham – aller au-devant des bourreaux et leur parler. Peut-on imaginer la dose de courage et d'abnégation nécessaire à pareil dialogue ? Opposer le verbe à la violence. C'était là leur calcul, leur espoir...

Je voudrais là, mes chers filleuls, vous citer quelques extraits du journal de mon grand-père. Je le crois tout à fait exemplaire de l'esprit qui anima ces hommes en cet instant terrifiant.

C'était un homme profondément religieux. Il était familier du fameux rabbin de Guere chez qui il se rendait souvent pour de savantes « disputations ». Mais il était aussi sympathisant du Bund, le parti socialiste juif. Le 1er mai, je l'ai vu défiler avec le syndicat des imprimeurs, coiffé de son large chapeau noir et chantant *La Marseillaise* en yiddish ! Car, en Pologne, *La Marseillaise* était le chant de la liberté...

Ce journal, je l'ai reconstitué d'après quelques notes retrouvées après la guerre et deux ou trois lettres envoyées à l'un de ses amis imprimeurs catholiques.

28 avril 1942. L'an 5702 après la création du monde par l'Éternel, béni soit-Il ! Comme je n'ai plus rien à faire, je vais écrire ici ce que peut vivre un vieil homme dans une cave, en souhaitant que mon récit serve de témoignage.
Témoignage devant les hommes sur la douleur d'un homme, sur les souffrances d'un peuple.
« Quelle est ma force pour que j'espère ? dit Job. Quelle est ma fin pour persister à vivre ? » Ô Seigneur !

21 mai. Mordekhaï m'a raconté que les Allemands organisaient des excursions dans le ghetto. Il les a vus de ses propres yeux, munis d'appareils photographiques et en compagnie de leur famille. Ils viennent voir mourir les « sous-hommes ». Et si on leur parlait ? Et si on leur expliquait ? Peuvent-ils tous être si méchants, ô Seigneur ?

23 mai. Il fallait que je les voie, ces Allemands. Il fallait... Je suis sorti de la cave en chancelant de faiblesse. Couchés sur le trottoir, devant la porte cochère, deux enfants en haillons se serraient l'un contre l'autre. Ils respiraient à peine. « Jusqu'à quand, Éternel, Te cacheras-Tu sans cesse ? »
J'allais retourner dans ma caverne quand je les ai vus. Ils étaient trois, très jeunes, et ils prenaient des photos... Je ne sais comment ni à quel moment je me suis adressé à eux. Ils étaient surpris d'entendre un vieux Juif parler allemand. J'ai cité, je crois, un vers de Goethe. Un étonnement figea leur visage. Pourquoi ? demandai-je. Pourquoi ?
Avais-je touché leur conscience ? Je ne sais. Mais je les ai vus s'éloigner brusquement, presque en courant, comme s'ils avaient peur, vers la porte du ghetto. « Souviens-Toi des outrages de Tes ennemis, ô Éternel ! »

30 mai. Ezra, le fils aîné de ma fille Topcia, est malade. Le typhus peut-être... « Seigneur, aie pitié de Tes serviteurs ! »

Six mois plus tard, Himmler, par décret spécial, interdisait aux soldats allemands de pénétrer dans le ghetto...

Hannah Arendt a écrit qu'il fallait sans cesse méditer ces témoignages, ces voix sorties, malgré tout, de l'atroce. « Non seulement parce que ces faits ont changé et empoisonné l'air même que nous respirons », mais aussi « parce qu'ils sont devenus l'expérience fondamentale de notre époque et sa détresse fondamentale ».

Les hommes et les femmes de la fin de ce siècle, du Viêt-nam à l'Algérie, du Cambodge au Rwanda et jusqu'à l'ex-Yougoslavie, ne la démentiraient pas. Toute souffrance est personnelle ; depuis la Bible, le judaïsme a su la rendre universelle.

Faute d'interlocuteurs, les Juifs passèrent donc à la seconde phase de la résistance : le témoignage. L'historien Emmanuel Ringelblum raconte dans son Journal que, malgré la faim qui les taraudait et se sachant condamnés, ses compagnons de malheur trouvèrent assez de force pour s'employer à rassembler tous les documents qui circulaient dans le ghetto. Ils les lui remettaient afin que l'Histoire continue de s'écrire. Pour que le mal de l'Histoire ne soit pas effacé par l'Histoire.

Cette détermination à rompre, en silence, le silence qui leur était imposé témoigne d'une rare audace et d'une non moins rare intelligence. Ces hommes et ces femmes avaient une conscience aiguë de leurs responsabilités face aux générations futures.

Enfin, lorsque Emmanuel Ringelblum et ses collaborateurs, à qui l'on doit une documentation irremplaçable sur la vie quotidienne du ghetto, furent déportés à leur tour, les derniers survivants finirent par prendre les armes. La révolte ouvrait alors la troisième et dernière phase de la résistance. Sans joie. Par manque de choix. *B'eïn Breïra,* comme on dit en hébreu. Montrant ainsi au monde, puisqu'il en doutait, que les Juifs étaient, comme tous les hommes, capables de tuer.

Cette résistance en trois paliers, le troisième n'intervenant que lorsque l'efficacité des deux premiers eut été épuisée, reste pour moi la plus intense, la plus bouleversante et la plus morale des leçons.

Le ghetto de Varsovie demeure sans doute le symbole de la révolte juive armée contre le nazisme. Mais il est avant tout le symbole de la résistance juive à l'oppression, à la persécution et à la mort, telle que des générations de Juifs l'ont conçue et pratiquée tout au long des siècles.

Depuis Job jusqu'à Marc Bloch, tous ceux qui ont médité sur elle nous le disent : la mémoire nous aide à choisir en nous référant à l'expérience de l'Histoire. Et en ancrant l'Histoire dans la Loi. C'est pour cela que cette phrase du Lévitique n'en finit pas de me trotter dans la tête : « Je mets devant toi la vie et la mort, la bénédiction et la malédiction. C'est la vie que tu choisiras... »

Dès lors, peut-on parler du judaïsme en évoquant uniquement sa découverte du mal et des moyens pour s'en préserver, sans se référer à la justice, idée qui préoccupait Moïse avec constance ? Y aurait-il seulement un bien sans justice ? Y aurait-il une justice sans ceux qui l'incarnent, les justes ?

LA JUSTICE

Pourquoi tant d'effort dans l'étude ? Pourquoi tant d'effort dans la mémoire, sinon pour qu'à l'heure de la confrontation, hélas inévitable, avec le mal la justice incarne la présence et la permanence du bien ? Car, tel un fruit mûrit au sein de l'alliance avec l'Éternel, c'est dans l'exercice – ô combien difficile – de la justice que s'exprime l'humanité de l'homme...

Jusqu'ici, mes chers filleuls, nous avons vu comment les hommes, à jamais égaux, avaient acquis la liberté et la Loi, l'une et l'autre définissant les moyens grâce auxquels la communauté humaine peut se développer en paix et maintenir la vie dans le respect de ses individus.

En proposant l'Alliance à Ses partenaires humains, à Noé puis à Abraham, et à travers eux à tous les hommes, Dieu énonce la possibilité humaine de la liberté. Mais aussitôt cette liberté les rend responsables de leurs choix et leurs actes.

La Loi, gravée plus tard par Moïse sur le mont Sinaï, permet de retrouver son chemin dans la confusion des désirs. Elle nomme le mal, le rend visible en même temps qu'elle désigne la voie toujours possible du bien : « Ne fais pas à autrui ce que tu ne veux pas qu'on te fasse. »

La justice sera la troisième force qui stabilise l'humanité face au chaos perpétuellement engendré par le mal. Elle répare la souffrance, elle désigne le juste, l'équité des choix et des épreuves.

C'est ainsi que la Bible ancre dans le cœur de l'homme la dimension éthique du bien et qu'elle atteint, comme le dit le Talmud, son but ultime : fournir aux hommes la capacité de vaincre le mal, dont ils sont à la fois le ferment, l'exécutant et la victime. Et voilà pourquoi surgit dès le Deutéronome cette exhortation angoissée : « La justice, la justice, poursuis-la ! »

À la question : « Qu'est-ce que l'homme pour toi pour que tu penses à lui ? » le Lévitique répond : l'homme est un prochain pour l'homme parce que l'un et l'autre ont été faits à l'image du même Dieu. D'où le commandement : « Aime ton prochain... »

Dans la pensée juive, Dieu est juste quand il est logique avec lui-même. Cela signifie : quand il agit en conformité avec la Loi. C'est le sens de la protestation d'Abraham, souvenez-vous, lorsque l'Éternel est sur le point de détruire Sodome : « Vas-Tu vraiment supprimer le juste avec le méchant ? [...] Loin de Toi de faire cette chose-là ! De faire mourir le juste avec le méchant, en sorte que le juste soit traité comme le méchant ! Est-ce que Celui qui juge toute la terre ne rendra pas justice ? Loin de Toi ! » (Genèse, 18, 22.)

Un homme, lui, est juste quand ses actes sont conformes à ce que l'essence de l'être exige. Or l'essence de l'être n'est rien d'autre que la vie. « Je mets devant toi la vie et la mort, la bénédiction et la malédiction... C'est la vie que tu choisiras », dit le Deutéronome.

Nous trouvons cette notion inscrite dès les premiers textes de la Bible.

Adam et Ève engendrent deux fils, Caïn et Abel, dont l'un assassine l'autre. C'est ainsi, et sans détour, que commence l'histoire de l'humanité. Notre histoire.

Pourtant Caïn, qui tue Abel, pourrait être considéré comme innocent, au sens où le sont les enfants ignorants. Car en vérité, à ce moment de l'humanité, il ne sait pas ce qu'est la mort. Comment le saurait-il, d'ailleurs ? Il ne l'a jamais rencontrée. Il appartient à la deuxième génération d'hommes. Ses parents, Adam et Ève, sont toujours en vie... En tuant son frère, Caïn ne peut savoir qu'il a commis l'irréparable. Le bien et le mal n'ont pas encore été désignés par la Loi. Moïse n'a pas encore reçu le commandement : « Tu ne tueras point ».

Aussi, en toute logique, Caïn ne devrait ni se réjouir de son acte ni s'en sentir coupable. À la question de l'Éternel : « Qu'as-tu fait de ton frère ? » on pourrait très bien imaginer qu'il réponde : « Je l'ai frappé et il ne bouge plus. »

Pourtant Caïn esquive la question : « Suis-je le gardien de mon frère ? » demande-t-il, comme s'il voulait dissimuler son acte... Comme s'il savait *déjà* que son acte était répréhensible. Mais comment peut-il le savoir ? D'où tient-il que tuer est un acte mauvais, et même l'expression suprême du mal ?

Là est l'enseignement : en héritant de la vie, Caïn a également hérité du savoir du bien et du mal. Ce savoir acquis par ses parents qui ont mangé le fruit de l'arbre de la connaissance dans le jardin d'Éden, il en est l'héritier ! On dirait aujourd'hui qu'il est passé dans ses gènes. Il sait distinguer le bien du mal, parce que ce savoir-là est, de facto, inscrit désormais dans la connaissance de l'homme expulsé de l'Éden. Tel était le pouvoir de l'arbre de la connaissance...

Par cette violence de Caïn, meurtrière et immédiate, la Bible nous enseigne l'essentiel : nous sommes *comme* Dieu, mais aussi comme Caïn. Nous sommes les héritiers de la connaissance, aptes, sans autre enseignement, à discerner le bien et le mal de nos actes. Notre responsabilité sera toujours pleine et constante. Nous pouvons toujours choisir d'appliquer la justice, d'être des justes !

Ou de sombrer dans l'enchaînement du mal...

Quand je vous dis que l'objet de la justice est la protection de la vie, cela signifie que la justice et le bien n'ont rien d'abstrait. La justice se manifeste par des actes, le bien s'inscrit dans le concret de l'expérience. Or la seule preuve que nous en avons, ce sont les « justes ». Des femmes et des hommes, comme nous, qui incarnent la valeur éthique de la justice, parce que, envers et contre tout, ils prennent le risque de leur propre existence. Contre la mort ils choisissent la vie.

Cette action, cette résistance face au mal, est si radicale qu'un seul juste, comme je l'ai écrit au début de cet ouvrage, suffit parfois à sauver le monde.

Selon le Talmud, en vérité il en faut plus : « Le monde repose sur trente-six justes », dit-il. Pourquoi trente-six ?

Vous savez peut-être déjà, mes chers filleuls, qu'en hébreu il n'y a pas de chiffres. Ceux-ci furent inventés par les Romains et le zéro par les Arabes. Alors, comment les Hébreux désignent-ils les chiffres ? Avec des lettres. A correspond à 1, B à 2, C à 3, et ainsi de suite. Par conséquent, on peut associer à chaque mot la somme des valeurs numériques des lettres qui le composent. Ce jeu de correspondances entre nombres et mots, c'est la Gematria. Elle a été utilisée par la Kabbale à des fins d'analyse et de divination métaphysique.

Or, parmi tous les nombres, nous en trouvons trois essentiels qui correspondent à des mots : 26 correspond au nom de « Dieu », 17 à *tov*, c'est-à-dire le « bien », et 18 à *hai*, la « vie ».

Selon la Gematria, 36 représente deux fois 18, c'est-à-dire deux fois la vie, ou encore : la vie de la vie. Ou : la vie qui sauve la vie.

Ainsi, ce que le Talmud entend peut-être secrètement signifier par ce nombre, c'est qu'il est besoin, face à l'abondance du mal de par le monde, d'au moins trente-six justes pour que la vie puisse protéger la vie...

Rien, mes chers filleuls, n'est plus éternel que cette lutte pour la justice. La réalité décrite par la

Bible il y a des millénaires demeure inchangée. Seuls les outils de mort et de destruction semblent avoir évolué. Chacun de nous, de génération en génération, en éprouve la douleur et l'effort. Pour moi, né dans une telle tradition, pouvais-je accepter l'idée qu'il y a soixante ans le monde entier, volontairement ou par lâcheté, ait laissé massacrer des millions des miens ? Pouvais-je admettre qu'à l'époque il n'y avait même pas ces trente-six justes dont parle le Talmud pour soutenir la vie ?

Permettez-moi de vous citer à nouveau une anecdote personnelle.

Un jour, las d'entendre dire que pendant la Seconde Guerre mondiale il n'y avait que des salauds et des monstres, angoissé aussi, comme le furent les rédacteurs de la Bible, à l'idée que cette vision de l'humanité, si dénuée d'espoir, puisse nous désespérer à jamais, je suis parti à la recherche des justes. Cette recherche provoqua l'une des plus belles rencontres qu'il m'ait été donné de faire.

Je retrouvai Varsovie, ma ville natale, après presque cinquante ans d'absence. Il faisait froid, il neigeait. Les passants, emmitouflés dans leurs paletots et leurs fourrures, traversaient les rues en groupes, le pas pressé. Le ciel pesait. Les femmes s'enlaidissaient de bonnets tricotés. Les vieux trams rouges passaient en grinçant de toute leur ferraille. Je me souviens, je contemplais la Vistule, ses eaux basses qui laissaient apparaître des bancs de sable, et serrais dans ma poche la liste de cinq justes pour lesquels j'étais venu. Cinq Polonais catholiques qui, m'avait-on dit, avaient sauvé des Juifs pendant la guerre.

Sans que je l'aie prémédité, mes pas me portèrent en direction de la rue Smocza, la rue de mon enfance. Imaginez-vous : de mon quartier, de ma ville, il ne restait rien. Tout avait été détruit. Tout était déjà reconstruit, n'importe comment. Aussi incroyable que cela puisse paraître, des bâtisses, par exemple, s'élevaient directement sur les décombres non déblayés, comme à Troie ou à Jéricho...

Cette partie de la ville, durant des siècles, avait constitué le quartier juif. Désormais, le sol en était surélevé, on y parvenait en gravissant quelques marches ou en franchissant une rampe abrupte. Suivant l'immémoriale coutume, les maisons des vivants se sont empilées sur les maisons des morts. Et je découvrais, avec frayeur, que cette pente, ces quelques marches que j'empruntais, signalait qu'en dessous gisait un monde englouti, avec ses cours, ses bureaux, ses boutiques, ses ateliers, ses bibliothèques, ses rues et ses ruelles, ses escaliers, ses lavoirs, ses puits, ses fontaines, ses écoles...

Par curiosité, par bravade ou encore par un espoir fou de retrouver tout de même des hommes là où il n'y avait plus d'humanité, je m'étais approché d'une porte à laquelle je frappais. Le battant s'ouvrit doucement. Une matrone me toisa. Je lui demandais s'il y avait encore des Juifs dans ce quartier. Son visage se ferma : « Des Juifs ? répéta-t-elle. Connais pas ! »

Connais pas ?

J'ai pensé à mon grand-père Abraham et à mon inconscience à vouloir absolument découvrir un signe de justice dans ce chaos morbide. Il me suffisait de poser les yeux sur l'étendue de l'ancien ghetto et d'écouter le silence de ma langue maternelle tout autour de moi pour constater qu'ici, avec les rues et les maisons de jadis, l'Éternel, Lui aussi, avait été englouti dans l'indifférence générale.

J'avoue, mes chers filleuls, qu'à ce moment j'étais sur le point d'abandonner.

Pourtant, une fois encore, l'ancien cri « La justice, la justice, poursuis-la ! » remplit soudain ma mémoire et me fit entrer dans une cour carrée et délabrée. Une minuscule chapelle de la Vierge, badigeonnée de blanc, comme souvent en Pologne, s'y adossait au pan gris d'un immeuble. Là habitait Irena Sendler, la première juste de ma liste.

Je l'ai trouvée au deuxième étage, occupant trois petites pièces de quatre mètres carrés chacune. Quand je l'ai rencontrée, elle avait quatre-vingt-quatre ans. Malgré les rides et l'usure, son visage rond et solide conservait encore, dans ses expressions, une étonnante fraîcheur.

Elle se déplaçait à l'aide d'un déambulatoire mais souriait en plissant les yeux avec des malices de fillette :

– Tendre la main à quelqu'un qui a besoin d'aide ? me dit-elle. Mais... c'est normal !

Avec la complicité de ses amis, elle avait sauvé deux mille cinq cents enfants juifs. Elle s'occupait déjà d'eux avant la guerre. Elle a continué à les protéger en cachette des nazis. Assistante sociale, elle faisait partie des rares personnes que les Allemands autorisaient à pénétrer et circuler dans le ghetto. Elle en a profité pour organiser le départ clandestin de ces enfants voués à la mort.

– Les parents de ces enfants que j'emmenais se savaient condamnés, ils pleuraient terriblement en les quittant. Chaque fois, ce fut une tragédie. Les enfants, séparés de leurs mères, ne cessaient de sangloter eux aussi. Pour éviter que leurs pleurs n'alertent les nazis, notre chauffeur avait trouvé une solution : dans l'ambulance que j'avais dégotée, on avait fait rentrer un chien, une sale bête. Dès que les gardes approchaient de la voiture, on lui marchait sur une patte. Le chien se mettait à aboyer comme un fou et couvrait les gémissements des enfants.

J'écoutais Irena Sendler et tentais de l'imaginer à l'époque, à l'âge de trente ans, des enfants serrés contre elle, tous risquant la mort pendant que le dogue hurlait pour tromper les SS...

– Nous n'étions pas héroïques, répétait-elle. Les véritables héros, c'étaient les enfants juifs. Avant leur départ, leurs parents leur expliquaient : « Écoute bien. Tu ne t'appelles plus Rachel mais Roma. Ton nom n'est pas Isaac mais Jacek. Répète. Répète dix fois, cent fois, mille fois. Et ta sœur et toi vous êtes polonais, catholiques... » Pour pouvoir survivre, ils apprenaient à renier leurs noms, leurs familles, leurs parents ! Oui, ce sont eux les héros. Après toutes ces années, je les entends encore en rêve, apprenant en pleurant leur nouvelle identité avant d'être séparés de leurs parents... Il ne s'agissait pas seulement de sauver leur vie. Je voulais aussi qu'ils sachent rester juifs. Je voulais que leurs familles puissent les retrouver après la guerre, ou au moins qu'ils connaissent leur nom véritable, leur origine s'ils devaient être orphelins.

Pourtant quelque chose encore la tracassait. Je la voyais émue, au bord des larmes.

– Aujourd'hui, me dit-elle, je me rends bien compte que je n'ai pas fait tout ce que j'ai pu. J'ai des remords et j'en aurai jusqu'à la fin de mes jours...

Je n'en croyais pas mes oreilles. Lorsqu'on avait interrogé les bourreaux nazis, coupables de milliers d'assassinats, ils déclaraient n'être responsables de rien ; de simples rouages qui avaient obéi aux ordres et auxquels on aurait refusé le choix de dire non... Mais Irena Sendler, la juste, elle, se reprochait encore sur son vieil âge de n'avoir pas fait plus !

« Ouvrez-moi la porte du juste ! dit le psalmiste. Ouvrez-moi la porte de justice ! »

Mes chers filleuls, je ne crois pas qu'il soit besoin d'en ajouter beaucoup plus pour me faire comprendre. Avec l'exemple d'une juste parmi les justes, j'aimerais que vous puissiez percevoir toute la profondeur de cette idée si chère au judaïsme : celui qui sauve une vie sauve l'humanité tout entière.

Une juste avait sauvé des vies d'enfants, et, des années plus tard, elle me sauvait du désespoir d'appartenir à une humanité obsédée par la haine et la destruction. La bonté si forte de son acte me replongeait dans la profondeur apaisante de mes racines, par-delà le mal.

Je découvrais ainsi ce que Hannah Arendt a remarqué avec force, que le mal n'a aucune « profondeur ni aucune intention démoniaque. Qu'il est capable de dévaster le monde entier, précisément parce qu'il se répand à sa surface comme un champignon. Seule la bonté est profonde et radicale »...

ÊTRE JUIF

Mes chers filleuls, je vous l'ai dit dès les premières pages, je n'ai nullement la prétention de tracer un portrait exhaustif de ce que nous sommes, nous, les Juifs. L'ambition serait folle, et même abusive. Quant à vouloir cerner le judaïsme dans son ensemble, c'est une entreprise tout autant vouée à l'échec. Depuis des siècles, nombre de théologiens et philosophes, juifs et non juifs, ont tenté cette aventure avec une rare obstination. Toutefois, aucun n'est pour autant parvenu à fournir une définition du judaïsme.

Plus encore que cet échec, c'est l'acharnement à vouloir le surmonter qui me semble le plus surprenant. Certes, on peut comprendre les intérêts théologiques, historiques, anthropologiques, archéologiques, sociologiques et même linguistiques qu'excite une très vieille civilisation. Mais le souci d'immobiliser une pensée, une culture, un peuple vivant et multiforme dans l'étroitesse de définitions supposées irrévocables me paraît un peu morbide.

À l'inverse de cette obsession « scientifique », il est amusant de noter la méconnaissance populaire qui entoure les multiples identités juives.

Combien de fois n'ai-je pas entendu utiliser dans une parfaite confusion les termes d'Israélien ou Israélite et même de Juif... On peut parfaitement être israélien sans être juif ! L'État d'Israël compte près de six millions de citoyens. Cependant, si les Juifs y sont majoritaires, ils ne regroupent pas la totalité de la population. Il y a en Israël plusieurs minorités, dont près d'un million d'Arabes.

Le nom Israël vient de Jacob. Une fois encore nous allons faire un effort de mémoire et d'Histoire...

Jacob était, dans la généalogie biblique, le fils d'Isaac et le petit-fils d'Abraham. Comme certains d'entre vous s'en souviennent peut-être, c'est lui qui avait racheté son droit d'aînesse à son frère Ésaü en échange d'un plat de lentilles... Or, une nuit qu'il allait à la rencontre d'Ésaü, il se reposa après une longue marche, s'endormit et rêva. Dans ce rêve, il se vit combattre un homme – ou peut-être un ange – et sortit vainqueur de cette lutte. Pas indemne, cependant : il avait reçu une blessure à l'emboîture de la hanche – c'est pourquoi, depuis, les Juifs pratiquants ne mangent pas la viande traversée par le nerf sciatique qui s'ancre dans l'emboîture de la hanche des bœufs ou des moutons.

Après cette bataille, l'homme ou l'ange contre lequel il avait combattu appela Jacob « Israël », ce qui signifie en hébreu « celui qui a lutté contre

Dieu » ou « le révolté de Dieu ». C'est aussi la raison pour laquelle les douze tribus, issues des douze fils de Jacob, s'appellent les *Bnei Israël*, les « fils d'Israël ».

En 928 avant notre ère, après la mort du roi Salomon, le royaume se divisa en deux. Au sud, la Judée, peuplée des tribus de Juda et Benjamin, eut Jérusalem pour capitale. Au nord, les descendants des dix autres tribus s'installèrent dans le royaume d'Israël, dont Samarie devint la capitale. La Judée survécut au royaume d'Israël détruit par l'empereur assyrien, Salmanasar V, en 720 avant notre ère. C'est alors que les dix tribus de l'ancien royaume d'Israël disparurent sans que plus jamais par la suite quiconque retrouve leurs traces. Il s'agit de l'une des grandes énigmes de l'Histoire.

Il y a près de cinquante ans, des millénaires après ces événements dramatiques, les fondateurs du premier État juif reconstitué décidèrent de l'appeler Israël et non Judée. Ils voulurent signifier par là que, désormais, ce pays appartenait à tous les fils d'Israël. Le présent a besoin de symboles. L'acte de renaissance physique de la nation juive réclamait sa part de mémoire et d'Histoire.

C'est aussi l'époque où, le mot « Juif » ayant été utilisé comme une insulte pendant la marée antijuive du XIXe siècle et la première moitié du XXe, les croyants juifs furent appelés « israélites ». L'intention était fraternelle mais ne fit qu'accroître la confusion.

Les Juifs... Qui est juif ? Selon les Juifs religieux, cela va de soi : tout individu né d'une mère juive est juif. Pour un philosophe comme Franz Rosenzweig, c'est encore plus simple : « Les autres croient en Dieu, les Juifs croient Dieu ! »

Historiquement le terme « Juif » est issu de la tribu de Juda. Dès l'origine, ce fut le nom donné aux membres puis aux citoyens du royaume de Judée. Contrairement à celui d'Israël, ce royaume a survécu, comme je l'ai déjà dit, jusqu'en 70 de notre ère, avant de succomber sous l'impérialisme de Rome. Dispersés à travers le monde, les anciens sujets du royaume de Judée furent tout naturellement désignés comme Juifs.

Dès ce moment une confusion s'installa dans l'esprit des populations qui accueillirent, bien ou mal, ces nouveaux immigrés. Jusqu'alors, la dispersion d'un peuple et la perte de sa terre natale signifiaient, à plus ou moins court terme, la disparition du peuple lui-même. Pourtant, en conservant des liens forts entre eux, avec leur culture, leur histoire, en perpétuant quantité de pratiques quotidiennes, les Juifs semblaient devoir survivre à cet effacement... Cela suffit à les assimiler aux adeptes d'une religion.

Ainsi, les épîtres de saint Paul parlent des Juifs pour désigner des hommes liés à la loi de Moïse. Des siècles plus tard, Jean-Paul Sartre, tout athée qu'il était, ne pensait pas autrement : il considérait les Juifs religieux comme les seuls authentiques. Mais ceux qui ne le sont pas, deviendraient-ils pour autant des Juifs « inauthentiques » ?

Staline, aussi, qui fut le maître de quatre-vingt-treize peuples au sein de l'Union soviétique, fut à sa manière troublé par ce peuple sans terre. Si troublé qu'il a éprouvé le besoin de consacrer aux Juifs un petit opuscule. Marxiste, il ne pouvait les définir selon le seul critère religieux. En conséquence, puisqu'il manquait à ces Juifs un territoire pour être assimilés à la mosaïque de peuples absorbés par l'Empire soviétique, il décida tout bonnement de combler cette lacune. Avant de les persécuter, il leur « offrit » un territoire à demi abandonné en pleine Sibérie, le Birobidjan. Trois cent mille personnes y furent déplacées, parfois de force. Aujourd'hui encore, les enseignes officielles du Birobidjan, y compris sur le fronton de la gare centrale de la capitale, sont écrites en yiddish...

Alors que nous entrons dans le troisième millénaire de notre ère, cet anachronisme d'un peuple sans territoire continue de poser un problème à beaucoup. Comment nommer les Juifs de France, de Grande-Bretagne ou des États-Unis d'Amérique ? À mon sens, des Juifs, tout simplement.

Car un peuple, comme toujours composé d'hommes religieux et de non-croyants, porteur d'un passé, d'une mémoire et d'une culture, n'a pas besoin de territoire pour exister. C'est là que réside, me semble-t-il, la distinction entre peuple et nation. Une nation se réfère, bien sûr, à son histoire et sa culture, mais elle se désigne d'abord par son État, la réalité physique de son territoire et de ses institutions.

Pour ceux qui se réclament du nationalisme, cette distinction est sujette à conflit : aucune identité ne saurait subsister en dehors ou à côté de l'identité nationale, du sol et du sang, entendue comme valeur suprême. En conséquence, l'existence du peuple juif pose un problème. Les nationalistes ne comprennent pas qu'on puisse être, dans le même mouvement, et avec un même attachement, français et juif, anglais et juif...

Là comme ailleurs, ce sont encore une fois les Juifs laïques qui dérangent le plus. Si le judaïsme se réduisait à une religion, cela irait de soi. Or, le cri de l'historien Marc Bloch, avant de mourir sous les balles allemandes : « Vive la France ! » aurait dû, à mon avis, répondre à cette question. Quant à moi, cela ne me pose aucun problème d'être français et juif. Je suis citoyen français, et je suis Juif...

Ce que je voudrais que vous compreniez, mes chers filleuls, c'est que la citoyenneté ne suffit pas à constituer un être.

Avant même d'avoir lu *L'Homme unidimensionnel* de Herbert Marcuse, je m'étais méfié des hommes d'ordre. Non seulement parce qu'ils sont dépourvus d'humour et manquent d'imagination, mais aussi parce qu'ils se définissent par une seule fonction dans la société. Ils deviennent ainsi des proies faciles pour toutes les dictatures. Qu'un homme se veuille exclusivement allemand, russe ou français, et il suffit de faire appel à son patriotisme territorial, à son affectivité nationaliste pour le faire marcher au pas. Chaque dimension supplémentaire, culturelle ou religieuse, rend l'individu plus complexe et plus difficile à convaincre ou à manipuler. Parce qu'elle le rend plus libre. C'est la raison pour laquelle les systèmes totalitaires détestent les hommes multiples, complexes, se défient des intellectuels, des émigrés, de tous ceux qui tendent à ouvrir les horizons culturels, à brouiller l'apparente univocité des citoyens.

Dans *1984,* le fameux roman de George Orwell, un seul homme échappe à l'emprise totalitaire de *Big Brother* : Emmanuel Goldstein. Car, dans un monde sans livres, il a conservé un livre. Car, dans un monde où la mémoire de chacun est réécrite quotidiennement par le pouvoir, il a gardé la mémoire de l'Histoire. Bref, parce que, dans un monde unidimensionnel, il demeure le seul être multiple.

Pour ma part, je suis donc polonais pour être né en Pologne, russe pour avoir grandi en Russie, argentin car j'ai aussi vécu dans ce pays, français, enfin, non seulement parce que je vis en France, que ma nation est la France, mais aussi parce que j'écris et rêve en français... À quoi on pourrait ajouter que je suis aussi écrivain, militant des droits de l'homme ou président d'universités... Et Juif!

Juif pas uniquement parce que mes parents l'étaient, pas uniquement par simple fidélité aux rites de mes ancêtres, mais parce que je me suis choisi tel. Je l'ai voulu par désir de liberté, d'une liberté qui ne saurait être une finalité en soi mais dont le sens m'est apparu précisément dans le judaïsme.

Or, de toutes les dimensions qui modèlent les facettes de mon identité, la judaïté demeure la plus fragile et la plus menacée. Aujourd'hui encore, ici ou là, on condamne les Juifs à mort parce qu'ils sont juifs. Ici ou là, on refuse l'existence au peuple juif. En conséquence, affirmer et défendre cette dimension de mon être, sans la relier à une pratique religieuse mais à la mémoire de mon peuple, cela revient à revendiquer, pour moi-même comme pour tous les autres, quels qu'ils soient, la liberté d'être homme dans le respect de l'humanité.

Deux mots reviennent souvent dans les conversations dès que l'on parle des Juifs : séfarade et ashkénaze. La signification en est très simple. Au hasard de la dissémination du peuple juif, au Moyen Âge deux fortes communautés se développèrent : l'une en Espagne, à l'ombre des califats, l'autre en France et en Allemagne. Or, en hébreu, Espagne se dit « séfarade » et Allemagne « ashkénaze ». C'est aussi simple que cela !

D'autres communautés s'affirmèrent à tous les âges et à toutes les époques, sans toutefois appartenir au courant culturel séfarade ni ashkénaze. Par exemple, les Bnei Israël, les fils d'Israël aux Indes, les Juifs de la montagne du Caucase, les Falachas d'Éthiopie ou ceux de Boukhara en Asie centrale.

Néanmoins, seuls les courants séfarade et ashkénaze furent à l'origine d'une intense production intellectuelle, les premiers en arabe puis en judéo-espagnol, les autres en français et en allemand puis, surtout, en yiddish. Des textes de Maimonide, médecin de Cordoue, étaient lus à la synagogue, au même titre que ceux de rabbi Salomon Ben Isaac, dit Rachi, vigneron à Troyes.

L'expulsion des Juifs d'Espagne en 1492, suivie de celle du Portugal, créa à son tour une diaspora séfarade. Celle-ci enrichit et renforce les communautés juives implantées là depuis des siècles et qui étaient constituées à l'origine de Berbères convertis au judaïsme avant l'arrivée de l'islam. Les persécutions subies en France et en Allemagne à l'époque des croisades poussèrent les Juifs ashkénazes vers l'est. Les pogroms de la fin du XIXe siècle contraignirent des dizaines de milliers de Juifs à immigrer vers l'Amérique du Nord comme du Sud.

On dit souvent que les Séfarades viennent d'Afrique du Nord et les Ashkénazes d'Europe centrale. Ce n'est pas aussi tranché : les communautés juives de Bordeaux, d'Amsterdam et même partiellement de Cracovie étaient d'origine séfarade. En revanche, une partie des Juifs tunisiens est originaire d'Italie.

Bref, tout peuple est traversé de courants culturels et animé par les caractéristiques multiples de son environnement. Le Français de Paris n'a pas le même accent que celui de Lille, il n'empêche, ils chantent tous deux *La Marseillaise*.

Vous avez certainement remarqué que, jusque-là, j'ai essayé de brosser à votre intention l'image du Juif laïc. Je ne peux cependant prétendre à une présentation du judaïsme sans vous expliquer quelques rudiments de judaïsme religieux.

Pour les Juifs religieux, la journée, la semaine, l'année, tous les rythmes de la vie sont ponctués de règles et de pratiques.

Ainsi, pour un Juif religieux, la journée doit commencer par la prière et s'achever par elle : « Et

Lui, plein de miséricorde, pardonne les fautes. Il ne consomme pas la destruction ; souvent, Il retient Sa colère, Il ne déchaîne pas Son courroux. Seigneur, viens à notre secours ! Que le Roi nous exauce le jour où nous l'invoquons. » Le déroulement quotidien est donc marqué par trois prières : *Chaharit*, le matin, *Minha* dans l'après-midi et *Maariv* au soir.

Ces prières rituelles et obligatoires sont vécues par ceux qui les pratiquent comme une source d'enseignement. Elles s'imposent d'autant plus au pratiquant qu'il ressent moins le désir de s'y astreindre. C'est pour cela qu'elles peuvent prendre la place d'un véritable examen de conscience.

Les Juifs religieux privilégient la prière en commun. « La prière commune, dit le Talmud, est toujours exaucée. » D'ordinaire, elle a lieu à la synagogue – terme qui signifie tout simplement « l'assemblée ». La prière commune exige la présence d'un minimum de dix hommes, le *minyane*. Ils prient tournés vers Jérusalem où, comme nous l'avons vu plus haut, Ezra, en arrivant de Babylone, convoqua une « grande synagogue » pour faire une lecture publique de la Bible afin de raviver dans les esprits les commandements de la Loi.

Tout au long de l'Histoire, la synagogue n'a pas été seulement la maison de prière, *Beth hatfilla*, mais aussi la maison de réunion, *Beth haknesset.*

Le reste de la journée devrait être occupé par l'étude : « Tout homme fils de la maison d'Israël est astreint à l'étude de la Torah, dit Maimonide, qu'il soit pauvre ou riche, bien portant ou malade, jeune ou vieux, et même s'il est pauvre au point de recourir à la charité publique... »

Les repas représentent également un moment important. D'une manière générale, ce sont tous les actes indispensables de la journée, manger ou dormir par exemple, qui doivent s'inscrire dans une finalité plus profonde que la simple préservation de son corps. Le Juif doit en faire un moyen de se rendre plus apte au service de Dieu de façon que ces obligations prosaïques puissent se transmuer, jour après jour, en de bonnes actions : les *mitsvot.*

Les repas sont évidemment nécessaires à la bonne santé de l'individu, mais ils ne doivent en aucun cas avoir la préséance sur la vie spirituelle. Rabbi Simeon disait : « Si trois hommes mangent à une même table sans s'y entretenir de la Torah, c'est comme s'ils dévoraient les restes de sacrifices idolâtres ! »

En outre, le Juif religieux doit respecter des lois alimentaires. Manger « cacher », mes chers filleuls, voilà un mot qui vous est sans doute familier. Il signifie simplement : manger « comme il faut », c'est-à-dire convenablement au regard des règles de la Loi.

« Seulement fortifie-toi, dit le Deutéronome, pour ne pas manger le sang, car le sang, c'est la vie... » Le Lévitique, quant à lui, donne la liste des aliments interdits : « le lièvre, car il rumine et n'a pas le sabot fendu, est impur pour vous, le porc... »

Ces règles prêtent souvent à l'incompréhension. Il n'est toutefois pas inutile de se rappeler qu'elles furent édictées il y a des siècles, dans un pays particulièrement chaud et à une époque où la conservation des aliments était très difficile.

Elles prennent aussi en considération des préceptes moraux tels que : « Tu ne feras pas cuire le chevreau dans le lait de sa mère. » Le respect de cette règle entraîne une organisation particulière dans la cuisine en obligeant à utiliser deux vaisselles différentes : l'une pour les laitages et une seconde pour la viande.

D'après le calendrier juif, nous sommes actuellement en 5760 après la création du monde. Selon certains commentaires de la Bible, le calendrier commencerait par le Déluge, et donc par la première alliance entre Dieu et l'humanité, et qui eut lieu par l'intermédiaire de Noé.

Quel que soit son décompte, le calendrier juif est lunaire. Les mois peuvent donc compter vingt-neuf ou trente jours et les années douze ou treize mois. Ce décalage a engendré des situations assez cocasses au cours de l'Histoire. Comme le calendrier suit le rythme des saisons méditerranéennes, les Juifs d'Europe centrale se sont ainsi retrouvés à devoir fêter l'apparition des premiers fruits du printemps sous la neige et par des températures encore glaciales... Mais ce n'est là en vérité qu'un moyen supplémentaire d'affirmer, pour les consciences juives, la prééminence du temps sur l'espace.

Comme le jour tend à la prière du soir, la semaine vers le shabbat, le cycle annuel est tourné vers l'une des plus grandes fêtes : *Roch Hachana*, la nouvelle année. Cet événement est suivi de près par le « Grand Pardon », *Yom Kippour*. Il est assez tentant de voir dans la proximité de ces deux grands événements la volonté de suggérer au pratiquant qu'il ne peut aller au-delà dans le temps sans être purifié par son invocation du pardon et le jeûne qui l'accompagne. « Voici le jeûne que j'aime : rompre les chaînes de l'injustice, briser tous les jougs, libérer ceux qu'on opprime, partager le pain avec l'affamé, recueillir le malheureux sans abri ; et quand tu vois un homme nu, tu dois le couvrir, comme tu ne dois jamais te dérober à ceux qui sont comme ta propre chair... » (Isaïe, 58, 6.)

Il serait trop long de vous énumérer ici les nombreuses fêtes juives ; ce n'est d'ailleurs pas l'objet de ce livre. Je voudrais simplement évoquer les plus importantes. Elles célèbrent les grands moments historiques du peuple hébreu. Au premier rang, il y a l'évocation de la sortie d'Égypte avec *Pessah*, la Pâque, puis la promulgation de la Loi à Pentecôte suivie par la fameuse fête des Cabanes, *Soukkot*, qui rappelle la longue marche dans le désert sous la protection de l'Éternel. Ces fêtes marquent également les principales étapes de la vie agricole, les semailles, les moissons et, avec *Soukkot*, la récolte des fruits et les vendanges.

Enfin, signalons *Hannoukah*, la très belle fête des lumières, qui commémore la révolte et la victoire des Maccabées sur l'occupant grec en 167 avant notre ère et le miracle de la lampe à huile au Temple de Jérusalem qui, au lieu de brûler quelques heures à peine, illumina ce lieu sacré durant huit jours...

Toute vie commence par la naissance. Pour un Juif religieux, toute naissance est une bonne action car elle répond au devoir de procréation selon la volonté de l'Éternel.

Pour les garçons, une semaine après la naissance, a lieu la circoncision. Elle correspond à un rite très ancien, répandu aussi bien en Égypte qu'en Afrique, en Amérique ou en Australie. Pratiquée à l'origine pour des raisons hygiéniques ou sociales, elle prend un sens très précis avec l'injonction biblique : « Ceci est mon alliance que vous observerez entre moi et vos descendants. Tout mâle parmi vous sera circoncis... »

Circoncision se dit en hébreu *mila*, soit « mot », ou « parole ». On donne sa parole lorsque l'on s'engage, quand on signe un accord. Et c'est bien ainsi que la circoncision est comprise par les Juifs : comme un engagement. Cette parole de l'homme donnée à travers l'organe de la procréation devient alors un serment scellé pour l'éternité.

Le premier jour de l'an 2000, par exemple, le monde fêtera la circoncision de Jésus. Son père Joseph, en bon Juif, l'avait porté une semaine après sa naissance au Temple de Jérusalem, pour le faire entrer dans l'Alliance avec l'Éternel. Il marquait ainsi son appartenance non seulement à un pays et à un peuple, mais aussi à l'universel et au temps. Nous devons noter que, curieusement, les trois figures emblématiques du monothéisme, Moïse, Jésus et Mahomet, ont été circoncis.

Plus tard, à l'âge de treize ans, l'enfant acquiert la majorité religieuse : la *Bar-mitsva*, « fils du commandement ». Car à partir de treize ans, chez les Juifs religieux, un individu ne peut plus se référer à ses parents. Il lui revient d'assumer lui-même ses actions.

Puis ce sera le mariage. Pour les Juifs religieux, un homme sans femme n'est pas vraiment homme : « Mâle et femelle, Il les créa, Il les bénit et leur donna le nom d'homme. »

Enfin, tôt ou tard, viendra la mort : « Rabbi Éliézer a dit : Fais pénitence la veille de ta mort. » Mais l'homme connaît-il le jour de sa mort ? « Fais donc pénitence chaque jour de ta vie », dit le Talmud dans le Traité des pères. C'est ainsi que le Juif religieux doit aider son prochain à mourir : c'est une bonne action que de rendre visite aux malades, de même que de s'occuper des vieillards ou d'assister les mourants...

Le deuil dure d'abord sept jours. C'est la *chivah*. Pendant ces sept jours, on rappelle le disparu et on récite les prières : « Et mon corps repose en sécurité quand Tu n'abandonneras pas mon être à l'abîme. Tu ne laisseras pas Ton fidèle voir le néant ; Tu me feras connaître le chemin de la vie, la plénitude des jours qu'on goûte en Ta présence, les délices dont on jouit à Ta droite, sans fin. » Puis, durant trente jours, *chelochim*, les règles du deuil, continuent à s'imposer : l'interdiction, par exemple, de se faire couper les cheveux, de se raser et de se faire la barbe... Pendant tout ce temps, une lumière brûle à la maison en souvenir du disparu.

Vous avez certainement remarqué que ces rites ne sont pas dénués de sens. On peut comprendre que nombre de Juifs y adhèrent, partiellement ou entièrement, et y trouvent un réel bonheur.

RÊVE

Nous voici parvenus, mes chers filleuls, au dernier chapitre de ce court essai. À votre étonnement peut-être, je n'ai fait qu'effleurer, ici ou là, l'antisémitisme et la haine des Juifs. Souvent, ceux qui parlent des Juifs, de leur histoire, s'attardent longuement sur cette exécration séculaire, comme si, par un effet de miroir, elle déterminait le Juif. Ils ont tort, et j'espère l'avoir un peu démontré tout au long de ce texte.

Tout autant, vous aurez noté qu'Israël, pays auquel je suis pourtant très attaché, n'a pas déterminé non plus mon appartenance au judaïsme.

Si Israël, incarnation du royaume détruit il y a deux mille ans par les Romains et rêvé depuis par des millions des miens, fait partie de mon identité, j'ai toujours refusé l'idée, si répandue en Occident, selon laquelle sa création eût été l'aboutissement de la Shoah. Ou, pis encore, une prime ! Une sorte de dédommagement pour le prix d'un génocide.

Née de la mauvaise conscience des Occidentaux et de la frustration des Arabes, cette pensée est terrifiante. La Shoah s'y métamorphose en une sorte de purgatoire, un passage obligé pour un peuple fautif et quémandeur du paradis !

En outre, cette présentation des faits est historiquement fausse. Loin d'avoir aidé à la création de l'État d'Israël, la Shoah a, au contraire, tari la source même de l'immigration et asséché le vivier dans lequel le sionisme aurait pu puiser des générations de pionniers.

Non, la réalité est tout autre.

Israël, comme tous les pays en lutte pour leur indépendance, ne doit sa création qu'au combat et à la mobilisation de sa propre population contre le pouvoir colonial. Une lutte souvent violente et dont la victoire a sonné le glas de l'Empire britannique. La lecture de la correspondance entre Ben Gourion et Gandhi, accomplissant tous deux, en même temps, ce difficile travail de la décolonisation, éclaire définitivement cet enjeu politique.

En fait, les structures de l'État d'Israël existaient dès les années trente. Bien avant la Seconde Guerre mondiale, on y trouvait un réseau puissant de communes agricoles, les *kibboutzim*. Une centrale syndicale moderne, la *Histradouth*, regroupait des milliers de travailleurs juifs. Il existait une caisse de sécurité sociale, la *Koupat Holim*, ainsi qu'une industrie, des partis politiques et une presse libre juive. Sans oublier un système scolaire et universitaire, un gouvernement et un parlement – officieux, bien entendu –, ainsi qu'une armée. Une armée clandestine mais qui participa à la guerre contre le nazisme sous forme de brigades et de commandos intégrés à l'armée britannique. Elle prit part au combat contre l'armée de Rommel dans le désert de Libye. De même qu'elle parachuta plusieurs de ses membres dans des pays occupés par les nazis, en Hongrie ou en Italie entre autres, pour y organiser la résistance juive...

En réalité, la reconnaissance d'Israël par les Nations unies en 1947 fut la sanction d'une victoire politique des Juifs et non un « cadeau » ; moins encore l'acquittement d'une dette.

Je me suis rendu en Israël pour la première fois en 1951. Après cinq jours de mer, le mont Carmel et la ville de Haïfa nous apparurent, palpitant dans une brume de chaleur. Je me mis à pleurer. Je pleurais pour moi et pour ces quatre-vingts générations d'hommes et de femmes qui avaient rêvé ce moment. Eux n'avaient pas eu la chance de contempler ce rêve réalisé. Sans cette pudeur maladive qui m'a toujours trop retenu, j'aurais embrassé la terre poussiéreuse, comme il est de tradition depuis Judah Halevi, poète et philosophe juif de l'époque des califes. La plupart de mes compagnons de voyage surent le faire...

Tout Juif, à l'instar de ses ancêtres, dit, au moins une fois l'an, à Pâque : « L'année prochaine, à Jérusalem ! » Aujourd'hui, Jérusalem est à quelques heures d'avion de n'importe quel point du monde. Accrochée aux monts de Judée, légère comme une aquarelle en dépit de sa pierre de taille, elle nous attend. Non pas l'année prochaine mais cette année même ! Tout de suite et pour tout Juif qui le désire !

Cependant, le premier contact avec un lieu tant désiré mais qui, hier encore, ne se laissait pas approcher crée, étrangement, douleur et déchirure... Ce n'est guère difficile à comprendre. Ce qui surgit sous nos yeux, c'est une Jérusalem réelle, capitale d'un État, aux rues encombrées de circulation, à la banlieue étirée et aux raides constructions modernes d'écoles, de cafés, de cinémas, de musées ou d'universités. Quel est le lien avec la Jérusalem invisible de notre lointain espoir, la Jérusalem mystique de plusieurs religions ?

Le philosophe Vladimir Jankélévitch se demandait comment les Juifs, installés depuis si longtemps dans la langueur de l'absence, pouvaient échapper à l'angoisse de ces retrouvailles...

Dans l'histoire des Juifs, Israël n'existe qu'entre le réel et l'imaginaire. Ce va-et-vient est une constante dans la Bible, dans le Talmud, dans la littérature rabbinique et dans tous les textes sur le Retour. Comment marier nationalisme et universalisme ?

Je me suis souvent demandé si l'adhésion collective à une histoire et à une mémoire influençait les rêves des hommes et des femmes qui forment cette collectivité. Freud pensait que oui. Aussi, j'aimerais, pour conclure, partager avec vous les thèmes qui habitent toujours les rêves des Juifs, qu'ils soient religieux ou laïcs.

En les analysant on s'aperçoit que, des prophètes à l'époque contemporaine, ils dépassent toujours les nations, le particulier, pour englober l'ensemble de l'humanité. La plupart des rêves des Juifs sont marqués par le sceau de l'espoir. Le désir de paix y est toujours présent. Car le Juif sait, même si ce savoir est inconscient, qu'il ne trouvera sa place que dans un monde meilleur.

Depuis longtemps il a compris qu'il n'obtiendra le respect et la sécurité qui lui sont dus, comme à tout homme, que dans une société plus juste et enfin pacifiée. Mais, dans la pensée juive, la paix est plus que la non-guerre. Elle apparaît comme une nouvelle relation entre les hommes et entre les hommes et la nature. En hébreu, le mot paix, *shalom*, pourrait même être traduit par « plénitude » qui comporte la même connotation.

> « Le loup habitera avec l'agneau, dit Isaïe.
> Et la panthère se couchera avec le chevreau...
> Et le lion, comme le bœuf, mangera de la paille. »
> Isaïe dit encore :
> « Car les eaux jailliront dans le désert
> et les ruisseaux dans la solitude ;
> le mirage se changera en étang
> et la terre desséchée en source d'eau. »
>
> Et Osée :
> « En ce jour-là, Je traiterai pour vous une alliance avec les bêtes des champs, les oiseaux du ciel et les reptiles de la terre. Je briserai dans le pays l'arc, l'épée et la guerre, et Je vous ferai reposer avec sécurité. »
>
> Et Michée :
> « Il sera le juge d'un grand nombre de peuples,
> l'arbitre des nations puissantes, lointaines.

De leurs glaives, ils forgeront des pioches,
Et de leurs lances des serpes ;
Une nation ne tirera plus l'épée contre une autre,
Et l'on n'apprendra plus la guerre... »

Et Amos :
« N'êtes-vous pas pour Moi comme les enfants des Éthiopiens, enfants d'Israël ? dit le Seigneur. N'ai-Je pas fait sortir Israël du pays d'Égypte comme les Philistins de Caphtor et les Syriens de Kir ? »

Et Isaïe encore :
« En ce même temps, il y aura une route d'Égypte en Assyrie :
Les Assyriens iront en Égypte et les Égyptiens en Assyrie ;
Et les Égyptiens et les Assyriens serviront le Seigneur.
En ce même temps, Israël sera là, le troisième... »

Certains objecteront qu'il s'agit là d'une vision messianique et non d'un rêve collectif. Mais ceux-là oublient que, selon la tradition juive, chacun de nous est porteur d'une parcelle du Messie. C'est comme si nous portions en nous une pièce minuscule d'un énorme puzzle. Lorsque tous les hommes auront déposé leur part de puzzle, alors on découvrira le Messie. Cependant, dès cet instant, nous n'aurons plus besoin du Messie...

C'est pourquoi, pour les Juifs, dans le monde tel qu'il est, tout prétendant au titre de Messie est un faux messie. « Maudits soient les os de ceux qui calculent la fin. Car ils diraient : puisque l'époque prédéterminée est arrivée et qu'il n'est pas venu, c'est qu'il ne viendra jamais. »

Assumant tout entier le paradoxe, une phrase du Traité des pères revendique cette manière particulière d'espérer : « Il ne vous incombe pas de terminer la tâche, mais vous n'avez aucun droit de vous y soustraire. »

Voilà, mes chers filleuls, j'achève ici ce court voyage avec vous dans une part de l'humanité.

Il me reste une ultime confidence à vous faire. Vous ne m'aurez pas senti critique envers les Juifs. Pourtant, je le sais bien, il existe parmi mes ancêtres, comme partout ailleurs, des hommes injustes, malhonnêtes, insensés, violents, bref, des types peu recommandables. Et alors ? Faut-il les mettre en scène pour autant ?

Je citerai une remarque d'un ami, à qui je confiais le projet de ce livre : « Attention à ce que tes Juifs ne soient pas tous beaux, bons et gentils », me dit-il. Son souci m'était bien compréhensible. Mais quoi ? Les Juifs sont des hommes, doués de toutes les qualités humaines et, hélas, dispensés d'aucun défaut.

Quant à tempérer la représentation que j'ai de mon peuple, je n'en vois nullement le besoin. Tant de pages ont décrit les Juifs sous les traits les plus bas et les plus pervers que la coupe est pleine pour encore longtemps. Ce n'est pas ce texte-ci, fût-il trop complaisant envers nous, qui rétablira la balance...

Et puis, à la vérité, je les aime, ces Juifs ! Tous autant qu'ils sont ! Mes pères, mes frères, aux visages mobiles et aux regards inquiets fixés sur des siècles de misère. Oui, je crois bien que je les aime tous, ceux de mon enfance, comme ceux que j'ai pu rencontrer au hasard des carrefours du monde.

Il me suffit d'écrire ces mots pour que les images surgissent et se bousculent. Il y a ce bedeau roux et timide parmi ses chats tout aussi roux mais farouches, aperçu à la synagogue du Ghetto Vecchio de Venise... Il y a ces joueurs de dominos s'insultant en yiddish dans un café de l'avenue Corrientes à Buenos Aires... Et ces gauchos juifs traînant la semelle dans la poussière de Mosesville dans la Pampa...

Oui, je les aime ainsi, dans la vie, toujours poussant la vie, même en loques, vêtus de guenilles comme ces Juifs qui, devant l'antique synagogue du Caire, me regardaient d'un air à la fois amical et craintif tandis que le guide m'expliquait, sans rire, que Moïse venait prier là !

Et ces jeunes végétariens d'origine séfarade dévorant du *gefilte fish* dans un restaurant de New York où m'avait emmené Bashevis Singer.

Ces étudiants de la Yeshiva University manifestant à Central Park, la calotte sur la tête, contre la guerre du Viêt-nam...

Cet orfèvre bossu du mellah de Rabat, accroupi devant sa table basse et martelant depuis toujours une plaquette de cuivre.

Ce mendiant de Djerba, habillé en Arabe et me bénissant en hébreu.

Ces hassidim toujours affairés, traversant en courant la rue des Rosiers à Paris, barbes et papillotes au vent.

Ce petit voleur au regard de vif-argent qui m'a dérobé mon portefeuille à Amsterdam.

Ces nouveaux riches au goût douteux, en visite à Tel-Aviv, bardés d'or et repus de trop de bons repas.

Et tous ceux que je rencontre chaque jour dans la rue ou dans les livres et que je reconnais à des gestes un peu trop nerveux, à un regard un peu trop fiévreux, à je ne sais quelle inquiétude qui est celle des hommes aux mémoires trop vives...

Oui, je les aime !

Rien d'objectif, non. Mais c'est pour cela aussi que j'ai, un jour, choisi d'être juif, et que ce choix me comble.

À aucun moment je n'ai conçu ce livre comme un essai polémique. Ce n'est pas un panégyrique non plus. Je voulais vous dire, mes chers filleuls, de la manière la plus simple et la plus légère, pourquoi votre parrain se considère comme juif. Si je n'ai pas réussi à vous persuader de la justesse de mon choix, j'espère être parvenu, au moins, à le faire comprendre et respecter.

Sans doute ce livre-là est-il, pour cela, plus que ses précédents ouvrages, à l'image de son auteur : contradictoire, partial, imparfait et passionné. Mais l'auteur vous renverra avec un sourire à Hillel, son maître, qui, un siècle avant notre ère, lorsqu'un païen lui demanda de lui expliquer la Torah pendant le laps de temps durant lequel il pouvait se tenir sur un seul pied, répondit : « Ne fais pas à autrui ce que tu ne voudrais pas qu'on te fasse à toi-même : tel est l'essentiel. Le reste n'est que commentaire. Va et apprends. »

GLOSSAIRE

A

Aleph (hébreu) : première lettre de l'alphabet hébreu.

Aleph-beth (hébreu) : désigne les deux premières lettres de l'alphabet hébreu et, par extension, l'alphabet tout entier.

Amalek : à l'origine, tribus nomades qui s'attaquaient aux traînards et aux voyageurs exténués lors des traversées du désert du Sinaï à l'époque de Moïse. En raison de leur violence et de la lâcheté de leurs attaques, ils devinrent dans la Bible le symbole du mal.

Amoraïm (araméen) : désigne les docteurs de la Loi dont l'œuvre se situe entre la compilation de la Michnah (env. 200 de notre ère) et la rédaction définitive des Talmud de Jérusalem et de Babylone (ve siècle).

Ani maamin (hébreu) : « Je crois. » Début de la profession de foi en treize articles composée par Moïse Maimonide.

Ashkénaz (hébreu ; plur. : *Ashkénazim*) : littéralement, Allemagne. Par la suite, on désigna sous le nom d'*Ashkénazim* les Juifs d'Europe centrale et orientale par opposition aux *Séfardim*, les Juifs originaires du Bassin méditerranéen.

Assyrie : royaume occupant la rive droite du Tigre, en Mésopotamie, durant le IIIe millénaire avant notre ère. Il tombe entre les mains des Mèdes en 614 de notre ère.

Av (hébreu) : mois du calendrier juif. Le 9 *Av* (*Tisha be Av*) est un jour de deuil, car il correspond aux deux destructions du Temple de Jérusalem et à l'expulsion d'Espagne en 1492.

Averroès : philosophe arabe né à Cordoue en 1126, mort à Marrakech en 1198.

B

Bar-mitsva (hébreu) : cérémonie marquant la majorité religieuse des garçons juifs à treize ans et durant laquelle ils sont appelés à lire un passage de la Loi à la synagogue.

B'eïn Breïra : expression hébraïque signifiant qu'il n'y a « pas de choix », pas d' « alternative » : « faut faire avec ».

Beth (hébreu) : deuxième lettre de l'alphabet hébreu.

Beth-Din (araméen) : tribunal rabbinique.

Beth hamidrash (hébreu) : maison d'étude, académie, collège, école rabbinique.

Brith-mila (hébreu) : circoncision. En hébreu, *Mila* signifie parole, ou mot. On donne sa parole lorsque l'on s'engage ; et c'est ainsi qu'est comprise la circoncision : comme un engagement.

C

Cacher (hébreu) : propre, pur. Un aliment *cacher* est un aliment conforme aux prescriptions alimentaires juives.

Cachrout (hébreu) : pureté. Désigne l'ensemble des lois rituelles juives ayant trait à la pureté.

Canaan : nom biblique de la région promise par l'Éternel au peuple d'Israël et qui correspond géographiquement à Israël aujourd'hui plus les territoires administrés par les Palestiniens et la Jordanie. Canaan est le nom du fils de Cham, petit-fils de Noé et ancêtre éponyme des Cananéens.

Chaharit (hébreu) : prière du matin.

Chaldée : région occupée par un peuple sémite en Babylonie méridionale, à partir du IXe siècle avant notre ère. Les tribus chaldéennes semblent avoir utilisé l'araméen, qui était, avec l'hébreu, l'une des deux langues courantes des Juifs.

Chana tova ! (hébreu) : « Bonne année ! »

Chavouoth (hébreu) : fête des Semaines, ou Pentecôte, célébrée les 6 et 7 Sivan. Commémore la remise de la Loi au peuple d'Israël. L'une des trois fêtes de pèlerinage dans l'Israël antique, durant laquelle on apportait les prémices des récoltes au Temple. Lors de *Chavouoth*, les dix commandements sont lus à la synagogue.

Chema Israël ! (hébreu) : « Écoute, Israël ! » Début de la prière essentielle du judaïsme : *Chema Israël, Adonaï Elohenou Adonaï Ehad*, « Écoute, Israël, l'Éternel notre Dieu, l'Éternel est un ! »

Chivah (hébreu) : sept. Désigne la période de deuil

strict devant être observée après le décès d'un parent et durant laquelle les affligés restent chez eux, s'abstiennent de leurs obligations usuelles et prient.

D

Diaspora (grec) : dispersion. Ensemble des communautés juives prises hors Israël. La diaspora a commencé au IXᵉ siècle avant notre ère, après la disparition du royaume de Judée-Samarie et surtout après la destruction de Jérusalem par Babylone, puis par Rome.

G

Gaon (hébreu ; plur. : *gaonim*) : titre honorifique donné aux chefs des Académies talmudiques de Sura et de Pumbedita en Babylonie de la fin du VIᵉ siècle. Titre honorifique donné à certains rabbins réputés pour leur savoir, tel le *gaon* de Vilna au VIIIᵉ siècle.

Gematria : la science du calcul de la valeur numérique des lettres des mots hébraïques et leurs différentes correspondances alphabétiques.

Ghetto (italien) : quartier de résidence des Juifs. Le mot vient de *ghetto*, fonderie. En effet, le premier ghetto était promulgué en 1516 à Venise, dans le quartier où se trouvait l'ancienne fonderie.

Goï (hébreu ; plur. : *goïm*) : non-Juif.

Guemara (araméen) : littéralement, achèvement. Désigne l'une des parties du Talmud, à savoir les commentaires faits par les Amoraïm de la Michnah. Il y a une Guemara pour le Talmud de Jérusalem et une autre pour le Talmud de Babylone.

H

Haggadah (hébreu) : récit de la sortie d'Égypte lu lors du *Seder* pascal.

Hakham (hébreu) : sage. Dans certaines communautés séfarades, le terme de *hakham* est utilisé pour désigner le grand rabbin.

Halakha (hébreu) : littéralement, marche, voie. Désigne l'ensemble de la jurisprudence religieuse fondée sur la Bible, le Talmud et les interprétations rabbiniques.

Hametz (hébreu) : désigne, lors de la Pâque, tout produit pouvant contenir du levain et dont la présence dans un foyer juif est strictement prohibée durant les huit jours de la fête. La veille de la Pâque, on procède à *Bedikat Hametz*, la recherche du levain.

Hannoukah (hébreu) : fête des Lumières qui commémore la victoire des Asmonéens sur les Séleucides, la purification du Temple de Jérusalem et le retour à la liberté religieuse. Lors de cette fête, il est coutume d'allumer, dans un chandelier spécial (*hanoukiah*), une bougie le premier soir, deux bougies le second soir et ainsi de suite jusqu'au huitième soir.

Haskalah (hébreu) : mouvement des Lumières au sein du monde juif fondé par Moïse Mendelssohn dans l'Allemagne du XVIIIe siècle et dont l'organe était la revue *Ha-meassef*. Par la suite, ce mouvement se propagea en Pologne et en Russie où ses partisans, les *maskilim*, s'opposèrent violemment aux *hassidim*.

Hassid (hébreu ; plur. : *hassidim*) : littéralement, pieux. Après une première apparition dans la vallée rhénane au Moyen Âge, le hassidisme est une doctrine mystique qui se développa en Pologne à partir de 1740, sous l'autorité du Besht, le Baal Chem Tov (maître du Bon Nom). Ses adeptes, les *hassidim*, accordent plus d'importance à la prière qu'à l'étude et se regroupent autour des *Tzadikim* (Justes) qui sont souvent des rabbins miraculeux.

Hazan (hébreu) : chantre, ministre, officiant.

Hevra kedisha (araméen) : Sainte Confrérie. Désigne une société de secours mutuels à but social, charitable et religieux, existant dans chaque communauté juive. Elle s'occupe notamment de tout ce qui a trait aux funérailles de ses membres, mais certaines sociétés géraient également des hospices ou des hôpitaux.

Houmash (hébreu) : Pentateuque.

Houpa (hébreu) : dais nuptial symbolisant le foyer fondé par les jeunes mariés.

I

Ishtar : déesse de la fécondité en Babylonie. À Babylone, le roi Nabuchodonosor construisit, au VIe siècle avant notre ère, un temple dédié à cette déesse.

J

Judée : le royaume de Judée naquit d'une division du pays de Canaan après la mort du roi Salomon en 928. Le Nord devint le royaume d'Israël, avec pour capitale Samarie et dont le roi était Jéroboam ; le Sud devint la Judée, dont le roi était Roboam et la capitale Jérusalem.

K

Kabbale (hébreu) : littéralement, tradition. Désigne un courant mystique né en Espagne et en France méridionale au XIIIe siècle, avec le *Zohar* dû à Moïse de Léon et pieusement attribué à rabbi Shimon bar Yokhaï. La Kabbale, qui joua un grand rôle non seulement dans la vie des communautés juives mais aussi dans les cercles humanistes, connut un extraordinaire développement au XVIe siècle avec l'école fondée par Isaac Luria à Safed.

Kaddish (araméen) : littéralement, sanctification. Prière récitée à la fin des passages importants de la liturgie. Est récitée par les orphelins et a été, à ce titre, considérée comme la prière des morts bien qu'il n'y soit jamais fait mention de la mort. Le Notre Père chrétien s'inspire très étroitement du *kaddish*.

Kibboutz (hébreu ; plur. : *kibboutzim*) : ferme collective en Israël, fondée sur le principe du socialisme autogestionnaire.

Kiddoush (hébreu) : sanctification. Désigne la bénédiction sur le vin récitée lors du shabbat et des fêtes.

Kippa (hébreu) : calotte rituelle.

Kippour (hébreu) : Grand Pardon. A lieu dix jours après le Jour de l'An juif. Est marqué par un jeûne de vingt-quatre heures.

L

Lekhaïm ! (hébreu) : « À la vie ! » Utilisé surtout comme un toast au moment de lever son verre.

Lévitique : troisième livre du Pentateuque. En vingt-sept chapitres, il détaille les principales règles religieuses juives.

Lilith : la première compagne d'Adam qui fut assimilée dans l'imagerie populaire à la femme maléfique.

M

Maariv (hébreu) : prière du soir.

Madianites : peuple nomade qui accueillit Moïse lorsqu'il fuyait la colère du pharaon. C'est chez les Madianites qu'il entendit la voix de l'Éternel. Le grand prêtre des Madianites était Jéthro ; sa fille, Tsippora, devint l'épouse de Moïse.

Maimonide (1135-1204) : philosophe. Enseignant pendant l'âge d'or du califat de Cordoue, il fut tout à la fois talmudiste, mathématicien, médecin et traducteur d'Aristote.

Malekhet hakodesh (hébreu) : travail sacré. Le travail d'un scribe est considéré comme *malekhet hakodesh*.

Marranes : terme d'origine espagnole désignant les Juifs convertis de force au christianisme et continuant à judaïser en secret. On les appela ainsi parce qu'ils s'abstenaient de consommer du porc (*marrano*).

Massore : tradition, transmission. Ensemble des annotations portées sur la Bible par les docteurs de la Loi – les massorètes – au VIe et XIIe siècle, et destinées à en établir le texte et à en relever les particularités.

Matsot (hébreu ; sing. : *matsa*) : pains azymes sans levain consommés durant la Pâque en souvenir du « pain d'affliction » mangé par les Hébreux lors de la sortie d'Égypte.

Mazal tov ! (hébreu) : « Bonne chance », « Félicitations ».

Menorah (hébreu) : chandelier.

Messie : en hébreu *Meshiah*, « l'oint », « le consacré », et qui devint « le libérateur ».

Michnah (hébreu) : compilation en six traités de la Loi orale juive rédigée par Yehouda Hanassi vers 200 de notre ère. La *Michnah* est l'une des parties du Talmud.

Midrach (araméen) : commentaire homilétique de la Bible.

Minha (hébreu) : offrande. Prière de l'après-midi.

Minyane (hébreu ; plur. : *minanim*) : assemblée de dix hommes majeurs, religieusement nécessaire à la célébration publique du culte juif.

Mitsva (hébreu) : commandement, précepte religieux. La Bible contient six cent treize *mitsvot*.

Mohel (hébreu) : péritomiste. Celui qui pratique le rite de la circoncision.

N

Neilah (hébreu) : prière terminant la liturgie du Grand Pardon.

Ner-tamid (hébreu) : lumière perpétuelle brûlant en permanence dans la synagogue au-dessus de l'arche contenant les rouleaux de la Loi. Désigne également la veilleuse allumée en souvenir d'un défunt.

Nissan (hébreu) : mois du calendrier israélite durant lequel a lieu la Pâque.

P

Pardes : paradis. Symbole de la doctrine mystique juive.

Pessah (hébreu) : la Pâque.

Pilpoul (hébreu) : discussion savante, controverse, casuistique. Mode de raisonnement propre au Talmud et consistant à multiplier les objections à une réponse concernant tel ou tel problème.

Pourim (araméen) : fête des Sorts qui commémore la défaite d'Aman, ainsi que le triomphe d'Esther et de Mardochée. Fête joyeuse, qui s'assimile par certains aspects (déguisements, jeux) au carnaval et durant laquelle il est permis de boire jusqu'à ne plus distinguer le nom d'Aman de celui de Mardochée.

R

Rachi (1040-1105) : rabbin vivant en France, à Troyes. De son vrai nom Salomon Ben Isaac, il fut le plus célèbre exégète de la Bible et du Talmud.

Roch Hachana (hébreu) : Nouvel An juif.

S

Seder (hébreu) : littéralement, ordre. Désigne le repas de la Pâque durant lequel on lit le récit de la sortie d'Égypte (*haggadah* pascale).

Séfarade (hébreu ; plur. : *Séfardim*) : terme désignant primitivement l'Espagne et utilisé par la suite pour désigner les Juifs originaires du bassin méditerranéen, par opposition aux *Ashkénazim* d'Europe centrale et orientale.

Sefer Hassidim (hébreu) : « Le Livre des Justes ». Écrit mystique médiéval rédigé au XIIe siècle dans la vallée rhénane par Samuel ben Kalonymos, son fils Judah ben Samuel et son parent Éléazar ben Judah.

Shabbat (hébreu) : septième jour du calendrier juif, consacré au repos. Différentes interdictions (interdiction de faire du feu, de travailler, de fumer, de voyager, etc.) sont liées à l'observance du *shabbat*.

Shalom aleïkhem ! (hébreu) : « Que la paix soit avec vous ! » Formule de salutation.

Shamash (hébreu) : bedeau.

Shéol (hébreu) : séjour des morts.

Shofar (hébreu) : corne de bélier dont on sonne lors du Nouvel An et du Grand Pardon, mais aussi lors d'une cérémonie du *herem* (excommunication).

Shtetl (yiddish ; plur. : *shtetlekh*) : bourgade. Désignait les agglomérations à forte population juive des campagnes russes et polonaises.

Shtramel (yiddish) : bonnet de fourrure porté par les *hassidim* lors des fêtes juives.

Siddour (hébreu) : rituel de prière quotidien.

Simhat Torah (hébreu) : « la joie de la Loi ». Fête célébrée à la fin de Soukkot durant laquelle on achève la lecture du cycle annuel de la Loi pour le recommencer immédiatement. Fête marquée par des danses autour des rouleaux de la Loi promenés en procession dans les synagogues.

Soukkot (hébreu) : fête des Cabanes durant laquelle il est d'usage de construire des cabanes en branchages où l'on prend les repas. Son but est de rappeler les tentes sous lesquelles vécurent les Juifs lors de leur errance dans le Sinaï après la sortie d'Égypte.

T

Takhanot (hébreu) : ordonnances et règlements édictés par les communautés juives pour régir la vie de leurs membres.

Talith (hébreu) : châle de prière porté par les hommes juifs lors de la prière du matin et lors des fêtes.

Talmud (hébreu) : compilation de la Loi orale juive rédigée à Jérusalem et à Babylone entre le IIe et le Ve siècle de notre ère. Il y a deux Talmud, le Talmud de Jérusalem et celui de Babylone, ce dernier étant le seul à faire autorité pour l'ensemble des Juifs. Le *Talmud* comporte deux parties : la Michnah et la Guemara et se subdivise en Halakha (jurisprudence) et Haggadah (homilétique). Il est rédigé en hébreu et en araméen.

Talmud-Torah (hébreu) : école primaire religieuse juive.

Tanakh (hébreu) : contraction de *Torah* (la Loi), *Neviim* (les Prophètes) et *Ketouvim* (psaumes, écrits de sagesse, etc.). Désigne le canon de la Bible hébraïque.

Tichri (hébreu) : mois du calendrier israélite durant lequel se situent le Nouvel An juif et le Grand Pardon.

Torah (hébreu) : « La Loi ». Au sens strict, désigne le Pentateuque. De manière plus générale, ce terme désigne l'ensemble de la littérature religieuse juive.

Traité des pères : chapitre spécial de la Michnah, qui regroupe les maximes et réflexions des sages sur les fondements du judaïsme.

Tribus (les douze) : descendants des douze fils de Jacob (= Israël). On compte Ruben, Siméon, Lévi, Juda, Dan, Nephtali, Gad, Issachar, Zabulon, Joseph (d'où sont issus Manassé et Éphraïm) et Benjamin.

Tzadik (hébreu ; fém. : *Tzadika* ; plur. : *Tzadikim*) : Juste.

Tzitzit (hébreu) : franges rituelles ornant les coins du *talith* (châle de prière) ou du vêtement et rappelant les commandements divins.

Y

Yeshiva (hébreu ; plur. : *yeshivot*) : académie talmudique.

Yiddish : langue juive née au XIe siècle dans la vallée rhénane, créée à base de l'allemand du haut Moyen Âge, mélangée à de l'hébreu et écrite avec des caractères hébreux. A été parlée par les Juifs d'Europe centrale et orientale et continue à être pratiquée aux États-Unis, en Union soviétique et en Israël, ainsi que dans d'autres communautés juives à travers le monde. Elle donna naissance à une littérature florissante.

Z

Zohar (hébreu) : « Livre des splendeurs ». Traité kabbalistique attribué à rabbi Shimon bar Yokhaï, mais rédigé par Moïse de Léon au XIIIe siècle. Constitue le texte fondateur de la Kabbale.

TABLE

ÉGALEMENT CHEZ POCKET
LITTÉRATURE « GÉNÉRALE »

ABGRALL JEAN-MARIE
La mécanique des sectes

ALBERONI FRANCESCO
Le choc amoureux
L'érotisme
L'amitié
Le vol nuptial
Les envieux
La morale
Je t'aime
Vie publique et vie privée

ALLÈGRE CLAUDE
Toute vérité est bonne à dire

ANTILOGUS PIERRE
FESTJENS JEAN-LOUIS
Guide de self-control à l'usage des conducteurs
Guide de survie au bureau
Guide de survie des parents
Le guide du jeune couple
L'homme expliqué aux femmes
L'école expliquée aux parents

ARNAUD GEORGES
Le salaire de la peur

BARJAVEL RENÉ
Les chemins de Katmandou
Les dames à la licorne
Le grand secret
La nuit des temps
Une rose au paradis

BERBEROVA NINA
Tchaïkovski

BERNANOS GEORGES
Journal d'un curé de campagne

BESSON PATRICK
Le dîner de filles
L'orgie échevelée
La Titanic

BLANC HENRI-FRÉDÉRIC
Combats de fauves au crépuscule
Jeu de massacre
Démonomanie

BOISSARD JANINE
Marie-Tempête
Une femme en blanc
La maison des enfants

BORDONOVE GEORGES
Vercingétorix

BORGELLA CATHERINE
Marion du Faouët, brigande et rebelle

BOTTON ALAIN DE
Petite philosophie de l'amour
Comment Proust peut changer votre vie
Le plaisir de souffrir
Portrait d'une jeune fille anglaise

BOUDARD ALPHONSE
Mourir d'enfance
L'étrange Monsieur Joseph

BOULGAKOV MIKHAÏL
Le Maître et Marguerite
La garde blanche

BOULLE PIERRE
L'épreuve des hommes blancs
La planète des singes
L'énergie du désespoir

BOVÉ JOSÉ
Le monde n'est pas une marchandise

BRAGANCE ANNE
Anibal
Le chagrin des Resslingen

BURGESS ANTHONY
L'orange mécanique
Le testament de l'orange
L'homme de Nazareth

BURON NICOLE DE
Chéri, tu m'écoutes ?
Mon cœur, tu penses à quoi ?

Buzzati Dino
Le désert des Tartares
Le K
Un amour

Carr Caleb
L'aliéniste
L'ange des ténèbres

Carrière Jean
L'épervier de Maheux
Achigan
L'indifférence des étoiles

Carrière Jean-Claude
La controverse de Valladolid
Le Mahabharata
La paix des braves
Simon le mage
Le cercle des menteurs
Entretiens sur la fin des temps

Cesbron Gilbert
Il est minuit, docteur Schweitzer

Chang Jung
Les cygnes sauvages

Chalon Jean
Le lumineux destin d'Alexandre David-Néel
Chère Marie-Antoinette
Journal de Paris 1963-1983
Journal d'Espagne 1973-1998

Chateaureynaud G.-O.
Le congrès de fantomologie
La faculté des songes

Chazal Claire
L'institutrice
À quoi bon souffrir ?

Chimo
J'ai peur
Lila dit ça

Cholodenko Marc
Le roi des fées

Clavel Bernard
Le carcajou
Les colonnes du ciel
1. La saison des loups
2. La lumière du lac
3. La femme de guerre
4. Marie Bon Pain
5. Compagnons du Nouveau Monde

La grande patience
1. La maison des autres
2. Celui qui voulait voir la mer
3. Le cœur des vivants
4. Les fruits de l'hiver

Jésus, le fils du charpentier
Malataverne
Lettre à un képi blanc
Le soleil des morts
Le seigneur du fleuve
L'espagnol
Le tambour du bief
Les petits bonheurs

Collet Anne
Danse avec les baleines

Comte-Sponville André/ Ferry Luc
La sagesse des Modernes

Condé Maryse
Ségou
1. Les murailles de la terre
2. La terre en miettes

La colonie du Nouveau Monde
Désirada
La migration des cœurs
Le cœur à rire et à pleurer

Courrière Yves
Joseph Kessel

Cousteau Jacques-Yves
L'homme, la pieuvre et l'orchidée

Decaux Alain
L'abdication
C'était le XXe siècle
1. De la belle époque aux années folles
2. La course à l'abîme
3. La guerre absolue
4. De Staline à Kennedy

Histoires extraordinaires
Nouvelles histoires extraordinaires
Tapis rouge

Deguinet Jean-Marie
Mémoires d'un paysan breton

Médeniau Jean-François
La Désirade
Mémoires de 7 vies
1. Les temps nouveaux
2. Croire et oser

Deviers-Joncour Christine
Opération bravo

Evans Nicholas
L'homme qui murmurait à l'oreille des chevaux
Le cercle des loups

Faulks Sebastian
Charlotte Gray

Fitzgerald Scott
Un diamant gros comme le Ritz

Forester Cecil Scott
Aspirant de marine
Trésor de guerre
Retour à bon port
Pavillon haut
Le seigneur de la mer

France Anatole
Crainquebille
L'île des pingouins

Franck Dan, Vautrin Jean
Les aventures de Boro
La dame de Berlin
Le temps des cerises
Les noces de Guernica
Mademoiselle Chat

Gallo Max
Napoléon
1. Le chant du départ
2. Le soleil d'Austerlitz
3. L'empereur des rois
4. L'immortel de Sainte-Hélène
La Baie des Anges
1. La Baie des Anges
2. Le Palais des fêtes
3. La Promenade des Anglais
De Gaulle
1. L'appel du destin
2. La solitude du combattant
3. Le premier des Français
4. La statue du commandeur

Genevoix Maurice
Beau François
Bestiaire sans oubli
La forêt perdue
Le jardin dans l'île
La Loire, Agnès et les garçons

Giroud Françoise
Alma Mahler
Jenny Marx
Cœur de tigre
Cosima la sublime

Grèce Michel de
Le dernier sultan
L'envers du soleil – Louis XIV
La femme sacrée
Le palais des larmes
La Bouboulina
L'impératrice des adieux

Halimi Gisèle
Fritna
Le lait de l'oranger

Hamilton Jane
La carte du monde

Hermary-Vieille Catherine
Un amour fou
Lola
L'initié
L'ange noir

Hirigoyen Marie-France
Le harcèlement moral

Jacq Christian
L'affaire Toutankhamon
Champollion l'Égyptien
Maître Hiram et le roi Salomon
Pour l'amour de Philae
Le Juge d'Égypte
1. La pyramide assassinée
2. La loi du désert
3. La justice du Vizir
La reine soleil
Barrage sur le Nil
Le moine et le vénérable
Sagesse égyptienne
Ramsès

1. Le fils de la lumière
2. Le temple des millions d'années
3. La bataille de Kadesh
4. La dame d'Abou Simbel
5. Sous l'acacia d'Occident

Les Égyptiennes
Le pharaon noir
Le petit Champollion illustré

JANICOT STÉPHANIE
Les Matriochkas

JOYCE JAMES
Les gens de Dublin

KAFKA FRANZ
Le château
Le procès

KAUFMANN JEAN-CLAUDE
Le cœur à l'ouvrage
Corps de femmes, regards d'hommes
La femme seule et le prince charmant

KAZANTZAKI NIKOS
Alexis Zorba
Le Christ recrucifié
La dernière tentation du Christ
Lettre au Greco

KENNEDY DOUGLAS
L'homme qui voulait vivre sa vie
Les désarrois de Ned Allen

KESSEL JOSEPH
L'armée des ombres
Le coup de grâce
Pour l'honneur

LAINÉ PASCAL
Anaïs nue

LAMY MICHEL
Les Templiers

LAPIERRE ALEXANDRA
L'absent
La lionne du boulevard
Fanny Stevenson
Artemisia

LAPIERRE DOMINIQUE
La cité de la joie
Plus grands que l'amour
Mille soleils

LAPIERRE DOMINIQUE et COLLINS LARRY
Cette nuit la liberté
Le cinquième cavalier
Ô Jérusalem
... ou tu porteras mon deuil
Paris brûle-t-il ?

LÊ LINDA
Les trois Parques

LESUEUR VÉRONIQUE
Nous, les infirmières

LEVI PRIMO
Si c'est un homme

LEWIS ROY
Le dernier roi socialiste
Pourquoi j'ai mangé mon père

LOTI PIERRE
Pêcheur d'Islande

LUCAS BARBARA
Infirmière aux portes de la mort

MALLET-JORIS FRANÇOISE
La maison dont le chien est fou
Le rempart des Béguines
Sept démons dans la ville

MANFREDI VALERIO
Alexandre le Grand
1. Le fils du songe
2. Les sables d'Ammon
3. Les confins du monde

MAURIAC FRANÇOIS
Le sagouin

MICHENER JAMES A.
Alaska
1. La citadelle de glace
2. La ceinture de feu

Mexique

MILOVANOFF JEAN-PIERRE
La splendeur d'Antonia
Le maître des paons
Le russe blanc

MIMOUNI RACHID
De la barbarie en général et de l'intégrisme en particulier
Le fleuve détourné

Une peine à vivre
Tombéza
La malédiction
Le printemps n'en sera que plus beau
Chroniques de Tanger

MIQUEL PIERRE
Le chemin des Dames

MITTERRAND FRÉDÉRIC
Les aigles foudroyés
Destins d'étoiles
Lettres d'amour en Somalie

MOGGACH DEBORAH
Le peintre des vanités

MONTEILHET HUBERT
Néropolis

MONTUPET JANINE
La dentellière d'Alençon
La jeune amante
Un goût de miel et de bonheur sauvage
Dans un grand vent de fleurs
Bal au palais Darelli
Couleurs de paradis
La jeune fille et la citadelle

MORGIÈVE RICHARD
Fausto
Sex vox dominam
Cueille le jour

NAKAGAMI KENJI
Mille ans de plaisir

NAUDIN PIERRE
Cycle d'Ogier d'Argouges
1. Les lions diffamés
2. Le granit et le feu
3. Les fleurs d'acier
4. La fête écarlate
5. Les noces de fer
6. Le jour des reines
7. L'épervier de feu

NIN ANAÏS
Henry et June (Carnets secrets)

O'BRIAN PATRICK
Maître à bord
Capitaine de vaisseau
La « Surprise »
L'île de la Désolation
La citadelle de la Baltique
Expédition à l'île Maurice
Mission en mer Ionienne

ORBAN CHRISTINE
Une folie amoureuse
Une année amoureuse de Virginia Woolf
L'âme sœur
L'attente

PEARS IAIN
Le cercle de la croix

PEREC GEORGES
Les choses

PEYRAMAURE MICHEL
Henri IV
1. L'enfant roi de Navarre
2. Ralliez-vous à mon panache blanc !
3. Les amours, les passions et la gloire

Lavalette, grenadier d'Egypte
Suzanne Valadon
1. Les escaliers de Montmartre
2. Le temps des ivresses

Jeanne d'Arc
1. Et Dieu donnera la victoire
2. La couronne de feu

PICARD BERTRAND, BRIAN JONES
Le tour du monde en 20 jours

PIERRE BERNARD
Le roman de la Loire

PURVES LIBBY
Comment ne pas élever des enfants parfaits
Comment ne pas être une mère parfaite
Comment ne pas être une famille parfaite

QUEFFELEC YANN
La femme sous l'horizon
Le maître des chimères
Prends garde au loup
La menace
Noir animal

Revel Jean-François
Mémoires
La grande parade

Rey Françoise
La femme de papier
La rencontre
Nuits d'encre
Marcel facteur
Le désir

Reynaert François
Nos années vaches folles

Rice Anne
Les infortunes de la Belle au bois dormant
1. L'initiation
2. La punition
3. La libération

Rifkin Jeremy
Le siècle biotech

Rivard Adeline
Bernard Clavel, qui êtes-vous ?

Roberts Monty
L'homme qui sait parler aux chevaux

Rouanet Marie
Nous les filles
La marche lente des glaciers
Les enfants du bagne

Sagan Françoise
Aimez-vous Brahms..
... et toute ma sympathie
Bonjour tristesse
La chamade
Le chien couchant
Dans un mois, dans un an
Les faux-fuyants
Le garde du cœur
La laisse
Les merveilleux nuages
Musiques de scènes
Répliques
Sarah Bernhardt
Un certain sourire
Un orage immobile
Un piano dans l'herbe
Un profil perdu
Un chagrin de passage
Les violons parfois
Le lit défait
Un peu de soleil dans l'eau froide
Des bleus à l'âme
Le miroir égaré
Derrière l'épaule...

Saint-Exupéry Consuelo de
Mémoires de la rose

Salinger Jerome-David
L'attrape-cœur
Nouvelles

Sarraute Claude
Des hommes en général et des femmes en particulier
C'est pas bientôt fini !

Saumont Annie
Après
Les voilà quel bonheur
Embrassons-nous

Sparks Nicholas
Une bouteille à la mer

Steinberg Paul
Chroniques d'ailleurs

Stocker Bram
Dracula

Tartt Donna
Le maître des illusions

Thibaux Jean-Michel
Pour comprendre l'Egypte ancienne
Pour comprendre les celtes et les gaulois
Pour comprendre la Rome antique
Le roman de Cléopâtre

Troyat Henri
Les semailles et les moissons
1. Les semailles et les moissons
2. Amélie
3. La Grive
4. Tendre et violente Élisabeth
5. La rencontre

La ballerine de Saint-Pétersbourg

Valdés Zoé
Le néant quotidien
Sang bleu *suivi de* La sous-développée
La douleur du dollar
Café nostalgia

Vanier Nicolas
L'odyssée blanche

Vanoyeke Violaine
Une mystérieuse Égyptienne
Le trésor de la reine-cobra

Vialatte Alexandre
Bananes de Königsberg
Chronique des grands micmacs
Dernières nouvelles de l'homme
L'éloge du homard et autres insectes utiles
Et c'est ainsi qu'Allah est grand

Villers Claude
Les grands aventuriers
Les grands voyageurs
Les voyageurs du rêve

Waltari Mika
Les amants de Byzance
Jean le Pérégrin

Wells Rebecca
Les divins secrets des petites ya-ya

Wickham Madeleine
Un week-end entre amis
Une maison de rêve

Wolf Isabel
Les tribulations de Tiffany Trott

Wolfe Tom
Un homme, un vrai

Xénakis Françoise
« Désolée, mais ça ne se fait pas »

Imprimé en France sur Presse Offset par

BRODARD & TAUPIN

GROUPE CPI

8334 – La Flèche (Sarthe), août 2001
Dépôt légal : mars 2001

POCKET – 12, avenue d'Italie - 75627 Paris cedex 13
Tél. : 01.44.16.05.00